au menu

Poulet

au menu

Poulet

p

Parragon
Queen Street House
4 Queen Street
Bath BA1 1HE
Royaume-Uni

Réalisation : *In*Texte Édition

ISBN : 1-40543-818-5

Imprimé en Malaisie

NOTE

Une cuillerée à soupe correspond à 15 à 20 g d'ingrédients secs et 15 ml d'ingrédients liquides. Une cuillerée à café correspond à 3 à 5 g d'ingrédients secs et 5 ml d'ingrédients liquides. Sans autres précisions, le lait est entier, les œufs sont de taille moyenne et le poivre est du poivre noir fraîchement moulu.

Les temps indiqués dans les recettes ne sont donnés qu'à titre indicatif.Les temps de préparation peuvent varier en fonction des techniques employées et les temps de cuisson en fonction du four utilisé. Un four doit toujours être préchauffé. En fonction des recettes, les temps de cuisson comprennent les éventuels temps de réfrigération et de marinade.

Les valeurs nutritionnelles indiquées à chaque recette s'entendent par personne ou par portion. Les calculs ne tiennent compte ni des ingrédients facultatifs, ni des variantes et des suggestions de présentation.

Les recettes utilisant des œufs crus ou peu cuits sont déconseillés aux nourrissons, aux personnes âgées, aux femmes enceintes, ainsi qu'aux personnes malades ou convalescentes.

Sommaire

Introduction

Le poulet est apprécié dans le monde entier et occupe une place importante dans l'alimentation contemporaine – et à juste titre, car c'est un aliment assez bon marché et intéressant sur le plan nutritionnel. Il peut se cuisiner d'une multitude de façons, et son goût peu prononcé permet de l'utiliser pour des plats aussi bien doux que relevés.

Pauvre en matières grasses, surtout quand on enlève la peau, c'est une viande idéale pour ceux qui suivent un régime hypocalorique ou doivent surveiller leur cholestérol. Riche en protéines, le poulet contient des minéraux utiles, comme le potassium et le phosphore, ainsi que certaines vitamines B.

Les recettes de ce livre nous viennent de nombreux pays et cultures. Regroupées en chapitres, elles reflètent l'incroyable diversité des modes de cuisson du poulet. Vous trouverez des recettes de soupes chaleureuses et nourrissantes, d'en-cas faciles à préparer ou de superbes entrées, des petits plats au four et des rôtis, des sautés pauvres en calories, des plats au barbecue à mettre l'eau à la bouche et des plats épicés d'une grande finesse.

Essayer de nouvelles recettes, même avec des ingrédients qu'on a l'habitude d'utiliser, est amusant et favorise la diversité et l'équilibre des régimes alimentaires. Pour obtenir des résultats parfaits, lisez bien les informations qui suivent à propos des différentes techniques de cuisson ainsi que les conseils de sécurité alimentaire pour conserver et préparer le poulet. Jetez un œil, également, aux recettes de base qui vous permettront de confectionner de délicieux bouillons et de préparer d'autres ingrédients, essentiels à la préparation des recettes suivantes.

Techniques de cuisson

Au four

Retirer toute la graisse intérieure du poulet. Rincer à l'eau l'intérieur et l'extérieur, et sécher avec du papier absorbant. Bien saler et poivrer l'intérieur, ajouter éventuellement de la farce, des aromates ou du citron. Badigeonner la poitrine avec du beurre en pommade ou de l'huile. Mettre au four dans un plat à rôtir ou un plat à gratin peu profond. Arroser deux ou trois fois avec le jus pendant la cuisson. Si le poulet dore trop vite, le couvrir de papier d'aluminium. Vérifier la cuisson avec un thermomètre à viande, ou en piquant une brochette dans la partie la plus charnue d'un haut de cuisse ; si le poulet est cuit, le jus sera clair, sans trace rosée. Mettre le poulet sur une planche à découper et laisser reposer au moins 15 minutes avant de servir. Accompagner du jus de cuisson ou d'une sauce préparée à partir de ce jus.

Au gril

La chaleur intense du gril enferme vite la chair tendre dans une enveloppe dorée et croustillante. Mettre le poulet à 10 ou 15 cm d'une source de chaleur modérée. S'il semble dorer trop vite, réduire légèrement la température. S'il est mis à rôtir à trop haute température et trop près de la chaleur, l'extérieur brûlera avant que l'intérieur ne soit cuit. S'il cuit trop longtemps à basse température, il se dessèchera. Il vaut mieux découper le poulet en morceaux pour garantir une cuisson uniforme. Cuite en une seule pièce, la viande de la poitrine risque d'être sèche ; coupée en morceaux, elle est parfaite pour les brochettes. Les ailes sont la partie qui se prête le mieux à une cuisson rapide au gril.

Frit à la poêle

Cette cuisson convient pour les petites cuisses, les pilons et les blancs. Sécher les morceaux avec du papier absorbant pour qu'ils dorent et n'éclaboussent pas à la cuisson. On peut enrober le poulet de farine assaisonnée, d'œuf et de chapelure, ou d'une pâte à frire. Faire chauffer de l'huile ou un mélange d'huile et de beurre dans une poêle. Un fois l'huile très chaude, ajouter le poulet, côté peau vers le bas. Faire cuire en retournant souvent, jusqu'à ce qu'il soit doré. Bien égoutter sur du papier absorbant avant de servir.

Fricassé

Cette méthode est idéale pour les petits morceaux ou les coquelets. Faire chauffer de l'huile ou un mélange d'huile et de beurre dans une poêle. Ajouter le poulet et le faire dorer à feu moyen, en remuant souvent. Mouiller avec du bouillon ou un autre liquide, porter à ébullition, couvrir et réduire le feu. Faire cuire doucement jusqu'à cuisson complète.

Sauté

Le poulet, désossé et sans peau, est coupé en petits morceaux de taille égale pour que la cuisson soit uniforme et que la viande reste tendre. Préchauffer un wok ou une sauteuse et y mettre un peu d'huile. Quand l'huile commence à fumer, ajouter le poulet et le faire sauter 3 à 4 minutes avec un assaisonnement de son choix jusqu'à cuisson complète. On peut faire cuire d'autres ingrédients en même temps. S'il a cuit seul, le retirer du récipient, faire sauter les autres ingrédients et le remettre quand ceux-ci sont cuits.

À la cocotte

Cette méthode convient aux morceaux de gros poulets, mais aussi aux petits poulets entiers. La cuisson lente donne une viande tendre et goûteuse. Faire rissoler le poulet dans du beurre, de l'huile, ou un mélange des deux. Ajouter du bouillon, du vin, ou les deux, avec l'assaisonnement et des aromates, couvrir et faire cuire sur la cuisinière ou au four jusqu'à ce que le poulet soit tendre. À mi-cuisson, ajouter un assortiment de légumes légèrement sautés.

Braisé

Cette cuisson se fait sans ajout de liquide. Les morceaux de poulet, ou un petit poulet entier, cuisent lentement au four avec des légumes, à feu doux. Faire chauffer un peu d'huile dans une cocotte allant au four, et faire doucement dorer le poulet. Retirer le poulet et faire revenir un assortiment de légumes jusqu'à ce qu'ils soient presque tendres. Remettre le poulet dans la cocotte, bien couvrir et faire cuire à feu doux sur la cuisinière ou au four.

Poché

C'est un mode de cuisson doux, pour une viande tendre et un bouillon pouvant servir à faire une sauce d'accompagnement. Mettre dans une cocotte un poulet entier, un bouquet garni, un poireau, une carotte et un oignon. Couvrir d'eau, saler, poivrer et porter à ébullition. Couvrir et laisser mijoter 1 h 30 à 2 heures, jusqu'à ce que le poulet soit tendre. Sortir le poulet de la cocotte, jeter le bouquet garni et utiliser le bouillon pour faire une sauce. Les légumes peuvent être mixés pour épaissir le bouillon, et servis avec le poulet.

Sécurité et conseils

Le poulet est sujet à la salmonellose, infection bactérienne qui peut provoquer de graves intoxications alimentaires. Pour prévenir ce risque, conservation, manipulation et préparation des volailles doivent se faire en prenant des précautions.

- Vérifier la date limite de vente et de fraîcheur. Rapporter vite le poulet chez soi, de préférence dans un sac congélation ou une glacière.

- Mettre tout de suite au congélateur les poulets surgelés.

- Si le poulet doit être réfrigéré, le sortir de son emballage et mettre à part les abats, s'il y en a. Placer le poulet dans un plat creux pour recueillir le liquide qui peut s'en écouler. Couvrir sans serrer avec du papier d'aluminium et mettre sur la clayette la plus basse du réfrigérateur. Le poulet ne doit pas être conservé plus de 2 ou 3 jours (selon la date limite de fraîcheur). Lors de la conservation et de la préparation, éviter tout contact entre le poulet cru et des aliments cuits. Bien se laver les mains après avoir manipulé du poulet cru.

- Préparer le poulet cru sur une planche à découper facile à nettoyer et à passer au détergent (en plastique non poreux, par exemple).

- Faire décongeler les poulets surgelés avant utilisation – 36 heures environ au réfrigérateur, ou 12 heures à l'air libre, dans un endroit frais. Les bactéries prolifèrent à température ambiante et lors de la décongélation. La cuisson à haute température tue les bactéries. Il ne doit pas y avoir de cristaux de glace, la viande doit être douce et souple au toucher. Une fois que le poulet est décongelé, le cuire le plus vite possible.

- Vérifier la cuisson du poulet. Utiliser un thermomètre à viande – le haut de cuisse doit atteindre une température d'au moins 75 °C –, ou piquer une brochette dans la partie la plus charnue d'un haut de cuisse ; le jus qui s'écoule doit être clair, sans aucune trace rosée. Il ne faut jamais faire cuire un poulet en deux temps.

Recettes de base

Ces recettes constituent la base de nombreux plats présentés dans le livre. Beaucoup peuvent être préparées à l'avance et réservées 2 jours au réfrigérateur.

Pâte de maïzena

Délayer 1 portion de maïzena dans 1 portion ½ d'eau froide et mélanger jusqu'à obtention d'une consistance homogène. Cette pâte est utilisée pour épaissir les sauces.

Bouquet garni frais

1 feuille de laurier fraîche ou sèche
brins de persil frais
brins de thym frais

Lier les fines herbes à l'aide d'une ficelle en coton.

Bouquet garni séché

1 feuille de laurier sèche
1 bonne pincée de fines herbes
1 bonne pincée de persil séché
8 à 10 grains de poivre noir
2 à 4 clous de girofle
1 gousse d'ail (facultatif)

Mettre les ingrédients dans un carré d'étamine et fixer à l'aide d'une ficelle en coton en laissant de la longueur, de façon à pouvoir s'en saisir facilement.

Bouillon de poulet

POUR
1,75 L

1 kg de poulet, sans la peau
2 branches de céleri, hachées
1 oignon, émincé
2 carottes, hachées
1 gousse d'ail
brins de persil frais
2 litres d'eau
sel et poivre

1. Mettre tous les ingrédients dans une grande casserole et porter à ébullition.
2. Écumer la surface à l'aide d'une écumoire. Réduire le feu et laisser mijoter à feu doux, partiellement couvert, 2 heures. Laisser refroidir.
3. Filtrer au tamis au-dessus d'une terrine et réserver les morceaux de poulet pour une autre recette. Couvrir le bouillon et bien laisser refroidir.
4. Conserver au réfrigérateur 3 jours ou congeler en portions, et retirer la couche de graisse avant de servir.

Bouillon de légumes

POUR
1,75 L

1 gros oignon, émincé
1 grosse carotte, hachée
1 branche de céleri, hachée
2 gousses d'ail
1 feuille de laurier
brins de persil frais
1 pincée de noix muscade râpée
2 litres d'eau
sel et poivre

1. Mettre tous les ingrédients dans une grande casserole et porter à ébullition.
2. Écumer la surface à l'aide d'une écumoire. Réduire le feu et laisser mijoter à feu doux, partiellement couvert, 45 minutes. Laisser refroidir.
3. Filtrer au tamis au-dessus d'une terrine et jeter les ingrédients.
4. Couvrir le bouillon et conserver au réfrigérateur 3 jours ou congeler en portions.

Bouillon de bœuf

POUR
1,75 L

environ 1 kg d'os de bœuf cuit
ou de bœuf haché cru
2 oignons, piqués de 6 clous de girofle, coupés en rondelles ou hachés
2 carottes, coupées en rondelles
1 poireau, coupé en rondelles
1 ou 2 branches de céleri, coupées en rondelles
1 bouquet garni
environ 2,25 l d'eau

1 Utilisez des os à moelle coupés en morceaux avec des lanières de jarret de bœuf. Mettre dans un plat allant au four et cuire au four préchauffé, à 230 °C (th. 7-8), 30 à 50 minutes, jusqu'à ce que la viande soit dorée.

2 Transférer dans une casserole, ajouter les ingrédients restants et porter à ébullition. Écumer la surface à l'aide d'une cuillère.

3 Réduire le feu, couvrir et laisser mijoter 3 à 4 heures à feu doux. Filtrer le bouillon, laisser refroidir et dégraisser le surface. Mettre au réfrigérateur et, en cas d'une conservation de plus de 24 heures, faire bouillir chaque jour, en laissant refroidir et remettant au réfrigérateur.

4 Le bouillon se congèle 2 mois dans un sac de congélation hermétique, en laissant une marge de 2,5 cm de sorte que le sac puisse gonfler.

Fumet de poisson

POUR
1,75 L

1 kg de têtes, arêtes et déchets de poisson blanc
1 gros oignon, haché
2 carottes, hachées
2 branches de céleri, hachées
½ cuil. à café de grains de poivre noir
½ cuil. à café de zeste de citron râpé
brins de persil frais
2 litres d'eau
sel et poivre

1 Rincer les morceaux de poisson à l'eau courante, mettre dans une grande casserole avec tous les ingrédients et porter à ébullition.

2 Écumer la surface à l'aide d'une écumoire. Réduire le feu et laisser mijoter à feu doux, partiellement couvert, 30 minutes. Laisser refroidir.

3 Filtrer au tamis au-dessus d'une terrine et jeter les déchets.

4 Couvrir le bouillon et conserver au réfrigérateur 3 jours ou congeler en portions.

Bouillon chinois

POUR
2,5 L

750 g de poulet, paré et haché
750 g de côtes de porc, parées et hachées
3,75 l d'eau froide
3 ou 4 morceaux de gingembre frais, haché
3 ou 4 oignons verts, partie verte nouée
3 à 4 cuil. à soupe de vin de riz chinois

1 Dans une casserole, mettre le poulet, le porc, l'eau, et ajouter le gingembre et les oignons verts.

2 Porter à ébullition, dégraisser à l'aide d'une cuillère et réduire le feu. Laisser mijoter à découvert, au moins 2 à 3 heures.

3 Filtrer le bouillon, retirer la viande, le gingembre et les oignons verts, et ajouter le vin de riz. Porter à ébullition, réduire le feu et laisser mijoter 2 à 3 minutes. Laisser refroidir.

4 Couvrir et réserver au réfrigérateur jusqu'à 5 jours, ou congeler en portions.

Mode d'emploi

Chaque recette vous donne de nombreuses informations utiles, parmi lesquelles les diverses valeurs nutritionnelles, les temps de préparation et de cuisson, et le niveau de difficulté. Toutes ces informations vous sont expliquées en détail ci-dessous.

La photo en couleur du plat une fois prêt.

Les ingrédients de chaque recette sont donnés dans leur ordre d'utilisation.

La recette est clairement expliquée grâce aux instructions faciles à suivre étape par étape.

Les valeurs nutritionnelles sont calculées pour 1 personne. Les ingrédients facultatifs, les variantes ou les suggestions de présentation n'ont pas été comptabilisés.

Les conseils fournissent des renseignements utiles sur les ingrédients ou sur les techniques de préparation.

86

POULET

L'ajout de jus et de zeste de citron vert rehausse la saveur de ce plat, tandis que le poivron ajoute une touche de couleur.

Poulet *à la* sauce *au* citron vert

4 PERSONNES

1 poulet d'environ 900 g, coupé en morceaux
55 g de farine, assaisonnée
2 cuil. à soupe d'huile
500 g d'oignons grelots ou d'échalotes, émincés
1 poivron vert et 1 poivron rouge, épépinés et coupés en fines lanières
150 ml de bouillon de poulet
jus et zeste de 2 citrons verts
2 piments frais, hachés
2 cuil. à soupe de sauce d'huître
1 cuil. à café de sauce Worcester
sel et poivre

1 Enrober les morceaux de poulet de farine. Dans une poêle, faire chauffer l'huile, ajouter le poulet et faire revenir environ 4 minutes, jusqu'à ce qu'il soit doré.

2 À l'aide d'une écumoire, transférer le poulet dans une cocotte, parsemer d'oignons et réserver au chaud.

3 Ajouter les poivrons dans la poêle et faire cuire à feu doux.

4 Mouiller avec le bouillon, ajouter le jus et le zeste de citron, et faire cuire encore 5 minutes.

5 Ajouter les piments, la sauce d'huître et la sauce Worcester, et saler et poivrer selon son goût.

6 Répartir les poivrons et le jus de cuisson sur le poulet et les oignons, et couvrir avec un couvercle ou du papier d'aluminium.

7 Cuire au four préchauffé en disposant la cocotte à mi-hauteur, à 190 °C (th. 6-7), 1 h 30, jusqu'à ce que le poulet soit bien tendre, et servir immédiatement.

VALEURS NUTRITIONNELLES
Calories *235* ; glucides *29 g* ; protéines *20 g* ; lipides *6 g* ; acides gras saturés *1 g*

difficulté moyenne
15 minutes
1 h 45

CONSEIL
Vous pouvez ajouter une croûte à ce plat : 30 minutes environ avant la fin de la cuisson, garnissez-le de ronds découpés dans de la pâte de scones au fromage.

Le nombre d'étoiles représente le niveau de difficulté de chaque recette, qui va du plus facile (1 étoile) au plus difficile (4 étoiles).

Cette durée est le temps de préparation des ingrédients, y compris les temps de refroidissement, de réfrigération et de trempage.

Cette durée est le temps de cuisson.

Soupes

La soupe de poulet est un plat nourrissant, savoureux et digeste. Elle est réputée pour être revigorante, et certaines cultures la considèrent même comme un remède universel. Les meilleures soupes de poulet se préparent avec du bouillon de poulet maison, mais si vous manquez de temps, vous pouvez utiliser du bouillon en cube de bonne qualité. Toutes les cuisines du monde ont leur version préférée de ce plat, et vous trouverez dans ce chapitre un choix de recettes originaires de pays aussi différents que la Chine, l'Écosse et l'Italie.

Cette soupe, au petit goût de citron, rafraîchissante et légère, est parfaite pour un repas estival.

Velouté de poulet *au* citron

4 PERSONNES

55 g de beurre
8 petites échalotes, finement émincées
2 carottes moyennes, finement émincées
2 branches de céleri, finement émincées
250 g de blanc de poulet, sans la peau et coupé en dés
zeste et jus de 3 citrons
1,25 l de bouillon de poulet
sel et poivre
150 ml de crème fraîche épaisse

garniture
brins de persil frais
rondelles de citron

1 Dans une casserole, faire fondre le beurre, ajouter les légumes et le poulet, et faire cuire 8 minutes à feu doux.

2 Blanchir le zeste de citron dans de l'eau bouillante 3 minutes, ajouter dans la casserole avec le jus de citron et le bouillon, et porter à ébullition à feu doux.

3 Réduire le feu, laisser mijoter environ 50 minutes et laisser refroidir. Transférer dans un robot de cuisine et mixer jusqu'à obtention d'une consistance homogène.

4 Reverser la soupe dans la casserole, réchauffer et saler et poivrer selon son goût. Ajouter la crème fraîche, sans laisser bouillir de façon à éviter la formation de grumeaux.

5 Transférer dans une soupière chaude ou dans des assiettes à soupe, décorer de persil et de rondelles de citron, et servir immédiatement.

VALEURS NUTRITIONNELLES
Calories *560* ; glucides *45 g* ; protéines *19 g* ; lipides *31 g* ; acides gras saturés *19 g*

facile
15 minutes
1 h 15

CONSEIL

Vous pouvez remplacer les citrons par 4 oranges. Cette méthode permet aussi de préparer une soupe au canard et à l'orange.

Les pommes de terre font partie de l'alimentation irlandaise depuis des siècles. Cette recette vient du Nord de l'Irlande.

Soupe de poulet à la Tom

1 Dans une poêle, faire revenir le lard et le poulet 10 minutes à feu doux.

2 Ajouter le beurre, les pommes de terre et les oignons, et cuire 15 minutes sans cesser de remuer.

3 Mouiller avec le bouillon et le lait, porter à ébullition et réduire le feu. Laisser mijoter 45 minutes et saler et poivrer selon son goût.

4 Incorporer la crème fraîche, laisser mijoter 5 minutes et ajouter le persil. Transférer dans une soupière chaude ou dans des assiettes à soupe, et servir accompagné de pain irlandais.

4 PERSONNES

3 tranches de lard fumé, découennées et coupées en dés
500 g de blanc de poulet, sans la peau et coupé en dés
25 g de beurre
3 pommes de terre, coupées en dés
3 oignons moyens, hachés
600 ml de bouillon de poulet
600 ml de lait
sel et poivre
150 ml de crème fraîche épaisse
2 cuil. à soupe de persil frais haché
pain irlandais, en accompagnement (*voir* « conseil »)

VALEURS NUTRITIONNELLES

Calories *97* ; glucides *6* g ; protéines *7* g ; lipides *2* g ; acides gras saturés *3 g*

difficulté moyenne
10 minutes
1 h 20

CONSEIL

Pour préparer le pain irlandais, il faut remplacer la levure du pain traditionnel par du bicarbonate de soude. On peut le confectionner avec de la farine blanche ou de la farine complète.

Cette soupe nutritive et riche peut faire office de plat principal. Vous pouvez y ajouter du riz et des poivrons pour plus de consistance et de couleurs.

Soupe de poulet *au* poireau

6 PERSONNES

25 g de beurre
350 g de blanc de poulet, sans la peau et coupé en dés de 2,5 cm
350 g de poireau, coupé en dés de 2,5 cm
1,25 l de bouillon de poulet
1 bouquet garni, frais ou séché
sel et poivre blanc
8 pruneaux, dénoyautés et coupés en deux
riz cuit et poivrons rouges coupés en dés (facultatif)

1 Dans une casserole, faire fondre le beurre, ajouter le poulet et les poireaux, et faire revenir 8 minutes, en remuant de temps en temps.

2 Mouiller avec le bouillon, ajouter le bouquet garni et saler et poivrer selon son goût.

3 Porter la soupe à ébullition, réduire le feu et laisser mijoter 45 minutes à feu doux.

4 Ajouter les pruneaux et, éventuellement, le riz et les poivrons, laisser mijoter encore 20 minutes et retirer le bouquet garni. Transférer dans une soupière chaude ou dans des assiettes à soupe, et servir immédiatement.

VALEURS NUTRITIONNELLES

Calories *183* ; glucides *8 g* ; protéines *21 g* ; lipides *9 g* ; acides gras saturés *5 g*

très facile
5 minutes
1 h 15

CONSEIL

Préparez vous-même le bouillon de poulet, selon la recette page 14. Vous pouvez également trouver du bouillon frais de bonne qualité dans le commerce.

Rapide à préparer, cette soupe consistante et relevée vous réchauffera. Si vous aimez la cuisine très épicée, ajoutez du piment haché avec ses graines.

Soupe thaïe aux nouilles *et au* poulet

1 Mettre les nouilles dans un plat, couvrir d'eau bouillante selon les instructions figurant sur le paquet, et bien égoutter.

2 Dans une poêle ou un wok, faire chauffer l'huile, ajouter le poulet et faire revenir 5 minutes sans cesser de remuer, jusqu'à ce que le poulet soit légèrement doré. Ajouter la partie blanche des oignons verts, l'ail et le gingembre, et faire revenir 2 minutes sans cesser de remuer.

3 Mouiller avec le bouillon et le lait de coco, ajouter la pâte de curry, le beurre de cacahuètes et la sauce de soja, et saler et poivrer selon son goût. Porter à ébullition, réduire le feu et laisser mijoter 8 minutes, en remuant de temps en temps. Ajouter le poivron, les petits pois et la partie verte des oignons, et faire cuire 2 minutes.

3 Ajouter les nouilles égouttées, faire réchauffer et transférer dans des bols. Servir avec une cuillère et une fourchette.

4 PERSONNES

250 g de nouilles aux œufs sèches
1 cuil. à soupe d'huile
4 hauts de cuisse de poulet, désossés, sans la peau et coupés en dés
1 botte d'oignons verts, émincés et parties blanches et vertes séparées
2 gousses d'ail, hachées
1 morceau de gingembre frais de 2 cm, finement émincé
850 ml de bouillon de poulet
200 ml de lait de coco
3 cuil. à café de pâte de curry thaï rouge
3 cuil. à soupe de beurre de cacahuètes
2 cuil. à soupe de sauce de soja claire
sel et poivre
55 g de petits pois surgelés
1 petit poivron rouge, épépiné et haché

VALEURS NUTRITIONNELLES

Calories *196* ; glucides *12 g* ; protéines *16 g* ; lipides *11 g* ; acides gras saturés *2 g*

CONSEIL

Si vous voulez une saveur moins épicée, remplacez la pâte de curry thaï rouge par de la verte.

facile
10 minutes
25 minutes

Cette soupe nourrissante constitue un délicieux repas et vous permet d'utiliser les légumes que vous avez sous la main. Les enfants adoreront les petites pâtes.

Bouillon de poulet *aux* pâtes

6 PERSONNES

- 2 cuil. à soupe d'huile de tournesol
- 350 g de blanc de poulet, sans la peau et coupé en dés
- 1 oignon, coupé en dés
- 250 g de carottes, coupées en dés
- 250 g de chou-fleur, en fleurettes
- 900 ml de bouillon de poulet
- 2 cuil. à café de fines herbes séchées
- 125 g de petites pâtes
- sel et poivre
- parmesan (facultatif)
- pain frais, en accompagnement

1 Dans une casserole, faire chauffer l'huile, ajouter le poulet et les légumes, et faire revenir jusqu'à ce qu'ils soient légèrement dorés.

2 Mouiller avec le bouillon, ajouter les fines herbes et porter à ébullition. Ajouter les pâtes, porter de nouveau à ébullition et réduire le feu. Couvrir et laisser mijoter 10 minutes en remuant de temps en temps, de façon à éviter que les pâtes s'agrègent.

3 Saler et poivrer selon son goût, transférer dans une soupière chaude ou dans des assiettes à soupe, et saupoudrer éventuellement de parmesan. Servir immédiatement, accompagné de pain frais.

VALEURS NUTRITIONNELLES

Calories *295* ; glucides *37 g* ; protéines *25 g* ; lipides *10 g* ; acides gras saturés *2 g*

facile

10 minutes

20 minutes

CONSEIL

Pour cette soupe, utilisez n'importe quel type de petites pâtes – des conchigliette ou des ditalini, ou même des spaghettis coupés en morceaux. Pour une soupe qui amusera les enfants, ajoutez des pâtes en forme de lettres ou d'animaux.

Ce consommé est très savoureux, surtout si vous le préparez avec du vrai bouillon de poulet. Les coquilles et les blancs d'œufs sont utilisés pour lui donner un aspect cristallin.

Consommé *de* poulet

1 Dans une casserole, mettre le bouillon de poulet et le xérès, et faire chauffer 5 minutes à feu doux.

2 Ajouter les blancs d'œufs et les coquilles, et battre jusqu'à ce que la préparation commence à bouillir.

3 Retirer la casserole du feu, laisser reposer 10 minutes et répéter l'opération trois fois, de sorte que le blanc d'œuf retienne les dépôts du bouillon et clarifie ainsi la soupe. Laisser refroidir 5 minutes.

4 Disposer une étamine sur une autre casserole et verser la soupe au travers.

5 Répéter l'opération deux fois, réchauffer à feu doux et saler et poivrer selon son goût. Ajouter le poulet et transférer dans une soupière chaude ou dans des assiettes à soupe.

8 À 10 PERSONNES

1,75 l de bouillon de poulet
150 ml de xérès demi-sec
4 blancs d'œufs, plus les coquilles
sel et poivre
115 g de poulet, cuit et coupé en fines lanières

CONSEIL

Le consommé a généralement pour garniture des pâtes cuites (coquillettes ou vermicelle, par exemple), du riz ou des légumes croquants. Vous pouvez aussi y ajouter de l'omelette coupée en lanières, égouttées sur du papier absorbant

VALEURS NUTRITIONNELLES

Calories *96* ; glucides *2 g* ; protéines *11 g* ; lipides *1 g* ; acides gras saturés *0.4 g*

difficile
1 h 15
15 minutes

Cette soupe épicée a été rapportée d'Inde par l'armée anglaise. Elle convient parfaitement bien pour un repas hivernal.

Soupe de poulet *au* curry

4 PERSONNES

55 g de beurre
1 oignon, émincé
1 gousse d'ail, hachée
500 g de poulet, coupé en dés
60 g de lard fumé, découenné et coupé en dés
1 petit navet, coupé en dés
2 carottes, coupées en dés
1 petite pomme à cuire, coupée en dés
2 cuil. à soupe de poudre de curry doux
1 cuil. à soupe de pâte de curry
1 cuil. à soupe de concentré de tomates
1 cuil. à soupe de farine
1,25 l de bouillon de poulet
sel et poivre
150 ml de crème fraîche épaisse
1 cuil. à café de coriandre fraîche hachée, en garniture
riz cuit à l'eau ou sauté, en accompagnement

1 Dans une casserole, faire fondre le beurre, ajouter l'oignon, l'ail, le poulet et le lard, et faire cuire 5 minutes.

2 Ajouter le navet, les carottes et la pomme, et faire cuire encore 2 minutes.

3 Incorporer le curry, la pâte de curry et le concentré de tomates, et saupoudrer de farine.

4 Mouiller avec le bouillon, porter à ébullition et couvrir. Laisser mijoter environ 1 heure à feu doux.

5 Mixer la soupe dans un robot de cuisine, réchauffer et saler et poivrer selon son goût. Incorporer progressivement la crème fraîche, transférer dans une soupière chaude ou dans des assiettes à soupe et garnir de coriandre. Servir accompagné de bols de riz cuit à l'eau ou sauté.

VALEURS NUTRITIONNELLES
Calories *502* ; glucides *27 g* ; protéines *31 g* ; lipides *35 g* ; acides gras saturés *20 g*

facile
15 minutes
1 h 15

CONSEIL

Cette soupe se conserve un mois au congélateur. Si vous la conservez davantage, les épices risquent de lui donner un goût de moisi.

Une soupe consistante, très simple à préparer et pourtant savoureuse. Vous pouvez utiliser des pois cassés verts et jaunes.

Soupe au poulet *et aux* pois

1 Dans une casserole, mettre le lard, le poulet, l'oignon et le beurre, et faire cuire 8 minutes à feu doux.

2 Ajouter les pois, mouiller avec le bouillon et porter à ébullition. Réduire le feu, saler et poivrer légèrement et couvrir. Laisser mijoter 2 heures.

3 Incorporer la crème fraîche, transférer dans une soupière chaude ou dans des assiettes à soupe, et parsemer de persil frais. Servir garni de croûtons.

6 PERSONNES

3 tranches de lard fumé, découennées et coupées en dés
900 g de poulet, coupé en dés
1 gros oignon, haché
15 g de beurre
500 g de pois secs, mis à tremper
2,4 l de bouillon de poulet
sel et poivre
150 ml de crème fraîche épaisse
2 cuil. à soupe de persil frais haché
croûtons au fromage, en garniture

VALEURS NUTRITIONNELLES

Calories *443* ; glucides *25* g ; protéines *43* g ; lipides *21* g ; acides gras saturés *11* g

difficulté moyenne
10 minutes
2 h 10

CONSEIL

Vous pouvez remplacer le lard par 100 g de jambon haché. Les pois secs doivent tremper dans de l'eau froide plusieurs heures ou toute une nuit, avant d'être égouttés.

L'estragon ajoute une délicate touche anisée à cette soupe savoureuse. Si vous ne trouvez pas d'estragon, utilisez du persil pour obtenir un petit goût frais.

Velouté de poulet *à* l'estragon

4 PERSONNES

55 g de beurre
1 gros oignon, émincé
300 g de poulet, cuit, sans la peau et finement émincé
600 ml de bouillon de poulet
sel et poivre
1 cuil. à soupe d'estragon frais haché
150 ml de crème fraîche épaisse
feuilles d'estragon frais, en garniture
croûtons frits, en accompagnement

1 Dans une casserole, faire fondre le beurre, ajouter l'oignon et faire revenir 3 minutes.

2 Ajouter le poulet et mouiller avec la moitié du bouillon.

3 Porter à ébullition, réduire le feu et laisser mijoter 20 minutes. Laisser refroidir et mixer la soupe dans un robot de cuisine.

4 Ajouter le bouillon restant et saler et poivrer selon son goût.

5 Ajouter l'estragon, transférer dans une soupière chaude ou dans des assiettes à soupe, et incorporer la crème fraîche.

6 Décorer d'estragon frais et servir accompagné de croûtons frits.

VALEURS NUTRITIONNELLES

Calories *434* ; glucides *10 g* ; protéines *22 g* ; lipides *36 g* ; acides gras saturés *21 g*

facile
10 minutes
30 minutes

CONSEIL

Pour préparer des croûtons à l'ail, pilez 3 ou 4 gousses d'ail dans un mortier et ajoutez-les à la friture.

Utilisez légumes et poulet restants pour confectionner de petites galettes. Écrasez-les simplement avec un peu de beurre, façonnez-les et faites-les revenir jusqu'à ce qu'elles soient dorées.

Soupe de poulet *aux* boulettes

1 Enrober les morceaux de poulet de farine.

2 Dans une casserole, faire fondre le beurre, ajouter le poulet et faire revenir jusqu'à ce qu'il soit légèrement doré.

3 Ajouter l'huile et les légumes, faire revenir jusqu'à ce qu'ils soient dorés et ajouter le xérès, le thym et le laurier.

4 Faire cuire 10 minutes, mouiller avec le bouillon et porter à ébullition. Saler et poivrer selon son goût, réduire le feu et laisser mijoter 3 heures. Transférer dans une autre casserole, en filtrant, et laisser refroidir.

5 Pour les boulettes, mélanger les ingrédients secs dans une terrine, incorporer l'œuf et assaisonner. Ajouter assez de lait pour obtenir une pâte moelleuse, façonner des petites boules et enrober légèrement de farine.

6 Faire cuire les galettes dans de l'eau bouillante salée, 10 minutes.

7 Retirer les galettes de l'eau à l'aide d'une écumoire, les mettre dans la soupe et faire cuire encore 12 minutes. Transférer dans une soupière chaude ou dans des assiettes à soupe, garnir de brins de coriandre et servir immédiatement.

6 PERSONNES

900 g de poulet, sans la peau et émincé
55 g de farine, assaisonnée
125 g de beurre
3 cuil. à soupe d'huile de tournesol
1 grande carotte, émincée
1 branche de céleri, émincée
1 oignon, émincé
1 petit navet, émincé
120 ml de xérès
1 cuil. à café de thym
1 feuille de laurier
1,75 l de bouillon de poulet
sel et poivre
brins de coriandre fraîche, en garniture

boulettes

55 g de farine levante
55 g de chapelure fraîche
2 cuil. à soupe de saindoux
2 cuil. à soupe de coriandre fraîche ciselée
2 cuil. à soupe de zeste de citron râpé
1 œuf
lait

VALEURS NUTRITIONNELLES

Calories *578* ; glucides *36* g ; protéines *39* g ; lipides *32* g ; acides gras saturés *16 g*

difficulté moyenne

25 minutes

3 h 40

Cette soupe est à base d'ingrédients traditionnels écossais. L'idéal est de laisser la soupe reposer au moins un jour, puis de la réchauffer et de la servir avec des croûtons.

Bouillon de poulet *à la* Dickens

4 PERSONNES

55 g de pois cassés, mis à tremper
900 g de poulet, sans la peau et coupé en dés
1,25 l de bouillon de poulet
600 ml d'eau
55 g d'orge, rincée
1 carotte, coupée en dés
1 petit navet, coupé en dés
1 gros poireau, finement émincé
1 oignon rouge, finement haché
sel et poivre blanc

1 Dans une casserole, mettre les pois et le poulet, mouiller avec le bouillon et l'eau, et porter lentement à ébullition, en écumant la surface à l'aide d'une écumoire, de façon à retirer toutes les impuretés.

2 Ajouter l'orge, saler et réduire le feu. Laisser mijoter 35 minutes.

3 Ajouter la carotte, le navet, le poireau et l'oignon, laisser mijoter encore 2 heures et saler et poivrer selon son goût.

4 Écumer de nouveau, laisser reposer au moins 24 heures et réchauffer. Rectifier l'assaisonnement et servir.

VALEURS NUTRITIONNELLES
Calories *357* ; glucides *24 g* ; protéines *53 g* ; lipides *8 g* ; acides gras saturés *2 g*

facile
24 h 15
2 h 45

CONSEIL
Vous pouvez utiliser de l'orge mondé ou de l'orge perlé. Dans l'orge mondé, seule la première enveloppe a été enlevée ; la cuisson lui donne un goût de noisette et une consistance de caramel mou.

Pour une saveur plus prononcée, remplacez les oranges par des citrons. La recette peut également être adaptée pour préparer une soupe au canard à l'orange.

Velouté de poulet *à* l'orange

1 Dans une casserole, faire fondre le beurre, ajouter les échalotes, les carottes, le céleri et le poulet, et faire cuire 8 minutes à feu doux, en remuant de temps en temps.

2 Blanchir le zeste d'orange dans de l'eau bouillante 3 minutes.

3 Ajouter le zeste et le jus des oranges dans la casserole, mouiller avec le bouillon et porter à ébullition.

4 Réduire le feu, laisser mijoter 50 minutes et laisser refroidir. Mixer la soupe dans un robot de cuisine jusqu'à obtention d'une consistance homogène.

5 Reverser la soupe dans la casserole, réchauffer et saler et poivrer selon son goût. Ajouter la crème fraîche, sans laisser bouillir de façon à éviter la formation de grumeaux.

6 Transférer la soupe dans une soupière chaude ou dans des assiettes à soupe, garnir de persil et de rondelles d'orange, et servir accompagné de pain de campagne.

CONSEIL

Vous pouvez remplacer les oranges par 2 petits citrons. Si vous utilisez le zeste, choisissez des citrons non traités.

4 PERSONNES

55 g de beurre
8 petites échalotes, finement émincées
2 carottes moyennes, finement émincées
2 branches de céleri, finement émincées
250 g de blanc de poulet, sans la peau et coupé en dés
zeste et jus de 3 oranges
1,25 l de bouillon de poulet
sel et poivre blanc
150 ml de crème fraîche épaisse
pain de campagne, en accompagnement

garniture

brins de persil
3 rondelles d'orange

VALEURS NUTRITIONNELLES

Calories *420* ; glucides *32 g* ; protéines *18 g* ; lipides *32 g* ; acides gras saturés *20 g*

difficulté moyenne
15 minutes
1 h 10

La pintade a la même texture que le poulet. Si sa saveur est plus douce que celle du gibier à plume, elle est tout de même plus forte que celle du poulet.

Soupe de volaille *aux* spaghettis

6 PERSONNES

500 g de blanc de poulet, sans la peau et coupé en dés
500 g de pintade, sans la peau et coupée en dés
600 ml de bouillon de poulet
1 petit oignon
6 grains de poivre
1 cuil. à café de clous de girofle
1 pincée de macis
150 ml de crème fraîche épaisse
2 cuil. à café de beurre
2 cuil. à café de farine
125 g de spaghettis à cuisson rapide, coupés en petits morceaux et cuits
2 cuil. à soupe de persil frais haché, en garniture

1 Dans une casserole, mettre les morceaux de poulet et de pintade, et mouiller avec le bouillon.

2 Porter à ébullition, ajouter l'oignon, les grains de poivre, les clous de girofle et le macis, et réduire le feu. Laisser mijoter environ 2 heures à feu très doux, de sorte que le bouillon réduise d'un tiers.

3 Filtrer et dégraisser la soupe.

4 Transférer la soupe et la viande dans une autre casserole, ajouter la crème fraîche et porter lentement à ébullition.

5 Faire fondre le beurre et délayer la farine de façon à obtenir une pâte. Ajouter à la soupe et remuer jusqu'à ce qu'elle épaississe légèrement.

6 Ajouter les spaghettis cuits.

7 Transférer dans une soupière chaude ou dans des assiettes à soupe, garnir de persil et servir.

VALEURS NUTRITIONNELLES
Calories *418* ; glucides *20 g* ; protéines *40 g* ; lipides *21 g* ; acides gras saturés *11 g*

facile
20 minutes
2 h 15

CONSEIL

Remplacez les spaghettis par des pâtes courtes (ziti ou coquillettes, par exemple).

Cette soupe est excellente préparée avec des tomates fraîches mais vous pouvez utiliser des tomates en boîte, même si la saveur n'est pas aussi subtile.

Velouté de poulet *à la* tomate

1 Dans une casserole, faire fondre le beurre, ajouter l'oignon et le poulet, et faire revenir 5 minutes.

2 Mouiller avec la moitié du bouillon, ajouter les tomates et le bicarbonate de soude, et porter à ébullition. Réduire le feu et laisser mijoter 20 minutes.

3 Laisser refroidir et mixer dans un robot de cuisine.

4 Reverser la soupe dans la casserole, ajouter le bouillon restant et saler et poivrer selon son goût. Ajouter le sucre, laisser frémir et transférer dans une soupière chaude ou dans des assiettes à soupe. Ajouter la crème fraîche en volute, garnir de basilic et servir.

4 PERSONNES

55 g de beurre
1 gros oignon, haché
500 g de poulet, sans la peau et coupé en très fines lamelles
600 ml de bouillon de poulet
6 tomates, finement concassées
1 pincée de bicarbonate de soude
1 cuil. à soupe de sucre en poudre
150 ml de crème fraîche épaisse
sel et poivre
feuilles de basilic frais, en garniture

VALEURS NUTRITIONNELLES

Calories *481* ; glucides *29 g* ; protéines *30 g* ; lipides *34 g* ; acides gras saturés *20 g*

facile
15 minutes
35 minutes

CONSEIL

Pour une soupe à l'italienne, ajoutez une cuillerée à soupe de basilic frais haché à l'étape 2. Pour une soupe plus épicée, ajoutez ½ cuillerée à café de curry ou de poudre de piment.

Cette soupe chinoise est délicieuse comme entrée pour un repas oriental ou comme plat principal pour un repas léger.

Soupe de wontons *au* poulet

6 PERSONNES

1,5 l de bouillon de poulet
1 cuil. à soupe de sauce de soja claire
1 oignon vert, en fine julienne
1 petite carotte, en fine julienne

wontons

350 g de poulet, haché
1 cuil. à soupe de sauce de soja
1 cuil. à café de gingembre frais râpé
1 gousse d'ail, hachée
2 cuil. à soupe de xérès
2 oignons verts, émincés
1 cuil. à café d'huile de sésame
1 blanc d'œuf
½ cuil. à café de maïzena
½ cuil. à café de sucre
environ 35 carrés de pâte à wonton

1 Mélanger les ingrédients de la farce à wontons et disposer une cuillerée de la préparation obtenue au centre de chaque carré de pâte à wontons.

2 Humidifier les bords de la pâte et les replier de façon à obtenir un ravioli.

3 Faire cuire les raviolis dans de l'eau bouillante 1 minute, jusqu'à ce qu'ils remontent à la surface, retirer de l'eau à l'aide d'une écumoire et réserver.

4 Porter le bouillon à ébullition, ajouter la sauce de soja, l'oignon vert, la carotte et les wontons, et réduire le feu. Laisser mijoter 2 minutes, transférer la soupe dans une soupière chaude ou dans des assiettes à soupe, et servir.

VALEURS NUTRITIONNELLES

Calories *401* ; glucides 23 *g* ; protéines *31 g* ; lipides *24 g* ; acides gras saturés *13 g*

facile
20 minutes
15 minutes

CONSEIL

Vous pouvez préparer une double quantité de wontons et congeler le surplus en séparant les carrés par une feuille de papier sulfurisé. Glissez le tout dans un sac de congélation, puis faites-les décongeler soigneusement avant de les utiliser.

Dans cette soupe écossaise traditionnelle, un poulet entier est cuit avec des légumes pour apporter une riche saveur au bouillon.

Cock-a-leekie

1 Dans une casserole, mettre le poulet, éventuellement les abats, le bouillon et l'oignon, porter à ébullition et écumer la surface.

2 Ajouter les poireaux, le mélange d'épices et le bouquet garni, saler et poivrer selon son goût, et réduire le feu. Couvrir et laisser mijoter 1 h 30 à feu doux, jusqu'à ce que la chair du poulet se détache des os.

3 Retirer les morceaux de poulet et le bouquet garni, et dégraisser la surface.

4 Hacher une partie du poulet, remettre dans la casserole et ajouter les pruneaux. Porter de nouveau à ébullition, réduire le feu et laisser mijoter à découvert, environ 20 minutes. Rectifier l'assaisonnement et servir accompagné de pain frais chaud.

4 À 6 PERSONNES

1 à 1,5 kg de poulet prêt à l'emploi, avec les abats (facultatif)
1,75 à 2 l de bouillon de poulet (*voir* page 14)
1 oignon, émincé
4 poireaux, finement émincés
1 pincée de mélange d'épices ou de coriandre en poudre
1 bouquet garni
sel et poivre
12 pruneaux, dénoyautés et coupés en deux
pain frais chaud, en accompagnement

CONSEIL

Vous pouvez remplacer le bouillon de poulet par trois cubes de bouillon de poulet dilués dans 1,75 à 2 l d'eau.

VALEURS NUTRITIONNELLES

Calories *45* ; glucides *9 g* ; protéines *5 g* ; lipides *1 g* ; acides gras saturés *0.2 g*

facile
30 minutes
2 heures

Des lanières de poulet tendre et des mini-épis de maïs sont les principaux ingrédients de cette soupe claire, parfumée d'une touche de gingembre.

Soupe de maïs *et de* poulet au curry

4 PERSONNES

175 g de maïs doux en boîte, égoutté
850 ml de bouillon de poulet
350 g de blanc de poulet, cuit, sans la peau et coupé en lamelles
16 mini-épis de maïs
1 cuil. à café de poudre de curry chinois
1 morceau de gingembre frais de 1 cm, râpé
3 cuil. à soupe de sauce de soja claire
2 cuil. à soupe de ciboulette ciselée

1 Dans un robot de cuisine, mixer le maïs et 150 ml de bouillon de poulet jusqu'à obtention d'une purée homogène.

2 Passer la purée au chinois en pressant à l'aide d'une cuillère à soupe de façon à retirer les pellicules restantes.

3 Dans une casserole, mettre le bouillon restant et ajouter les lamelles de poulet et la purée de maïs.

4 Incorporer les épis de maïs, porter à ébullition et laisser bouillir à feu moyen 10 minutes.

5 Ajouter la poudre de curry, le gingembre et la sauce de soja claire, mélanger et cuire encore 10 à 15 minutes.

6 Incorporer la ciboulette, transférer dans une soupière chaude ou dans des assiettes à soupe, et servir immédiatement.

VALEURS NUTRITIONNELLES

Calories *206* ; glucides 18 *g* ; protéines *29 g* ; lipides *5 g* ; acides gras saturés *1 g*

facile
10 minutes
30 minutes

CONSEIL

Vous pouvez préparer cette soupe 24 heures à l'avance sans y incorporer le poulet. Laissez la soupe refroidir, couvrez-la et mettez-la au frais. Juste avant de servir, ajoutez le poulet et faites chauffer le tout.

Une soupe simple et rafraîchissante peut être des plus délicieuses. Utilisez des ailes de poulet pour le bouillon car elles ont un goût très doux et ne se dessèchent pas.

Soupe de poulet *aux* nouilles étoilées

1 Dans une cocotte, mettre le poulet, l'eau, le céleri, la carotte, l'oignon, le poireau, l'ail, les grains de poivre, les piments, les herbes et ½ cuillerée à café de sel, porter à ébullition et écumer la surface. Réduire le feu et laisser mijoter 2 heures à demi-couvert.

2 Retirer le poulet, le laisser refroidir et laisser mijoter le bouillon à découvert, 30 minutes. Retirer les os du poulet et couper la viande en bouchées si nécessaire.

3 Filtrer le bouillon, dégraisser et jeter les légumes et les fines herbes, de sorte qu'il reste environ 1,5 l de bouillon.

4 Dans une autre casserole, porter le bouillon à ébullition, ajouter les nouilles et baisser le feu de façon à ce que la soupe frémisse. Faire cuire 10 minutes, jusqu'à ce que les pâtes soient al dente.

5 Ajouter les morceaux de poulet, rectifier l'assaisonnement et transférer dans une soupière chaude ou dans des assiettes à soupe. Parsemer de persil et servir.

4 PERSONNES

85 g de petites nouilles en forme d'étoiles, ou autres sortes
persil frais haché, en garniture

bouillon de poulet

1,25 kg de poulet
2,5 l d'eau
1 branche de céleri, émincée
1 grosse carotte, émincée
1 oignon, émincé
1 poireau, émincé
2 gousses d'ail, hachées
8 grains de poivre noir
4 piments de la Jamaïque
3 ou 4 brins de persil
2 ou 3 brins de thym frais
1 feuille de laurier
sel et poivre

VALEURS NUTRITIONNELLES

Calories *119* ; glucides *15 g* ; protéines *14 g* ; lipides *2 g* ; acides gras saturés *0 g*

difficulté moyenne
30 minutes
2 h 45

En-cas *et* entrées

Le poulet peut se cuisiner si rapidement et de tant de manières différentes qu'il est idéal pour faire des entrées originales et appétissantes. Son goût peu prononcé permet de l'accompagner de fruits, d'épices et d'ingrédients exotiques comme le mirin, l'huile de sésame ou le gingembre frais. Ce chapitre contient des recettes de galettes, de salades et de pilons farcis et cuits au four, ou accompagnés de délicieuses sauces aux fruits. Les morceaux de poulet étant de petite taille et faciles à manger, vous pourrez emporter la plupart des préparations de ce chapitre en pique-nique ou même pour un déjeuner sur votre lieu de travail.

Utilisez les blancs d'un poulet rôti pour préparer cet en-cas sain et délicieux. Servi accompagné de mesclun, c'est un repas idéal pour une chaude journée d'été.

Pommes de terre farcies *au* poulet

4 PERSONNES

- 4 grosses pommes de terre, piquées
- 250 g de blanc de poulet, sans la peau, cuit et coupé en dés
- 4 oignons verts, finement émincés
- 250 g de fromage blanc allégé
- poivre
- salade verte ou mesclun, en accompagnement

1 Cuire les pommes de terre au four préchauffé, à 200 °C (th. 6-7), environ 1 heure, jusqu'à ce qu'elles soient tendres, ou cuire au micro-onde à la puissance maximale, 12 à 15 minutes.

2 Mélanger le poulet, les oignons verts et le fromage blanc.

3 Inciser les pommes de terre en croix, retirer une petite partie de la chair et garnir du mélange précédent. Poivrer et servir immédiatement, accompagné de salade verte ou de mesclun.

VALEURS NUTRITIONNELLES

Calories *417* ; glucides *61 g* ; protéines *28 g* ; lipides *10 g* ; acides gras saturés *5 g*

très facile

10 minutes

1 heure

CONSEIL

Pour obtenir un plat plus riche, vous pouvez remplacer le fromage blanc allégé par du fromage entier ou ajouter 2 ou 3 cuillerées de crème fraîche à la farce.

Ces délicieux sandwichs conviennent comme en-cas ou pour compléter un copieux pique-nique.

Tartines *au* poulet

1 Réserver séparément le jaune et le blanc d'un œuf.

2 Dans une terrine, mélanger les œufs restants, le beurre, la moutarde et l'essence d'anchois, et saler et poivrer selon son goût.

3 Incorporer le cheddar et le poulet, et étaler la préparation obtenue sur le pain.

4 Disposer des rangées alternées de jaune et de blanc d'œuf sur la préparation à base de poulet, garnir de rondelles de tomate et de concombre, et servir.

6 PERSONNES

3 œufs durs, le jaune haché et le blanc émincé
25 g de beurre, en pommade
2 cuil. à soupe de moutarde anglaise
1 cuil. à café d'essence d'anchois
sel et poivre
250 g de cheddar, râpé
3 blancs de poulet, sans la peau, cuits et coupés en dés
6 tranches de pain épaisses, ou 1 baguette coupée dans le sens de la longueur puis en 6 morceaux, beurrées
12 rondelles de tomate
12 rondelles de concombre

VALEURS NUTRITIONNELLES
Calories *510* ; glucides 11 *g* ; protéines *34 g* ; lipides *22 g*; acides gras saturés *18 g*

très facile
15 minutes
0 minute

CONSEIL

Pour un goût moins fort, utilisez une moutarde plus douce. Vous pouvez ajouter de la mayonnaise et décorer avec du cresson.

Toutes les couleurs et les saveurs de la Méditerranée sont présentes dans ce plat simple à préparer.

Pepperonata *au* poulet

4 PERSONNES

8 hauts de cuisse de poulet, sans la peau
2 cuil. à soupe de farine complète
2 cuil. à soupe d'huile d'olive
1 petit oignon, finement émincé
1 gousse d'ail, hachée
3 gros poivrons (1 vert, 1 rouge, 1 jaune), épépinés et coupés en fines lanières
400 g de tomates concassées en boîte
1 cuil. à soupe d'origan frais haché, un peu plus en garniture
sel et poivre
pain complet frais, en accompagnement

1 Enrober les hauts de cuisse de poulet de farine.

2 Dans une poêle, faire chauffer l'huile, ajouter le poulet et faire revenir, jusqu'à ce qu'il soit saisi et légèrement doré. Retirer de la poêle, ajouter l'oignon et faire cuire à feu doux, jusqu'à ce qu'il soit tendre. Ajouter l'ail, les poivrons, les tomates et l'origan, et porter à ébullition sans cesser de remuer.

3 Répartir le poulet sur les légumes, saler et poivrer selon son goût et couvrir. Laisser mijoter 20 à 25 minutes, jusqu'à ce que le poulet soit complètement cuit et tendre.

4 Rectifier l'assaisonnement, garnir d'origan et servir accompagné de pain complet frais.

VALEURS NUTRITIONNELLES

Calories *328* ; glucides *20 g* ; protéines *35 g* ; lipides *15 g* ; acides gras saturés *4 g*

facile
15 minutes
40 minutes

CONSEIL

Pour renforcer le goût, coupez les poivrons en deux et passez-les au gril préchauffé, jusqu'à ce que la peau ait noirci. Laissez-les refroidir, puis épluchez-les et épépinez-les. Enfin, coupez-les en fines lanières.

Ces galettes sont délicieuses servies accompagnées de mesclun et d'une sauce au piment.

Galettes de poulet *aux* fines herbes

1 Dans une terrine, mélanger les pommes de terre, le poulet, les fines herbes, le jambon et un œuf, et saler et poivrer selon son goût.

2 Façonner des galettes rondes ou aplaties avec la préparation obtenue.

3 Ajouter un peu de lait au second œuf.

4 Mettre la chapelure dans une assiette, plonger les galettes dans le mélange d'œuf et de lait, et les passer dans la chapelure de façon à bien les enrober.

5 Dans une poêle, faire chauffer l'huile, ajouter les galettes et faire cuire jusqu'à ce qu'elles soient dorées. Décorer de brins de persil frais et servir accompagné de mesclun.

POUR 8 GALETTES

500 g de pommes de terre, réduites en purée avec du beurre
250 g de poulet, cuit, sans la peau et haché
125 g de jambon cuit, finement haché
1 cuil. à soupe de mélange de fines herbes
2 œufs, légèrement battus séparément
sel et poivre
lait
125 g de chapelure de pain complet
huile, pour la friture
brins de persil frais, en garniture
mesclun, en accompagnement

CONSEIL

Pour une sauce à la tomate, faites chauffer 200 ml de coulis de tomates et 4 cuillerées à soupe de vin blanc sec. Salez et poivrez, retirez du feu et ajoutez 4 cuillerées à soupe de yaourt nature. Réchauffez et ajoutez de la poudre de piment

VALEURS NUTRITIONNELLES

Calories *333* ; glucides *18 g* ; protéines *16 g* ; lipides *23 g*; acides gras saturés *5 g*

facile
25 minutes
20 minutes

Une recette de poulet pauvre en matières grasses, avec une sauce à la moutarde légère et rafraîchissante, idéale pour un panier-repas ou un repas léger, accompagné de salade.

Poulet *en* croûte d'avoine

4 PERSONNES

25 g de flocons d'avoine
1 cuil. à soupe de romarin frais haché
sel et poivre
4 morceaux de poulet, sans la peau
1 blanc d'œuf
150 g de fromage blanc allégé
2 cuil. à soupe de moutarde
salade de carottes râpées, en accompagnement

1 Mélanger les flocons d'avoine et le romarin, et saler et poivrer selon son goût.

2 Enduire le poulet de blanc d'œuf, passer dans le mélange précédent et disposer sur une plaque de four. Cuire au four préchauffé, à 200 °C (th. 6-7), 40 minutes, jusqu'à que le poulet rende un jus clair lorsqu'il est piqué dans sa partie la plus charnue à l'aide d'une brochette.

3 Dans une terrine, mélanger le fromage blanc et la moutarde, saler et poivrer selon son goût et servir chaud ou froid, accompagné d'une salade de carottes râpées.

VALEURS NUTRITIONNELLES
Calories *120* ; glucides *11 g* ; protéines *15 g* ; lipides *3 g* ; acides gras saturés *1 g*

très facile
10 minutes
40 minutes

CONSEIL
Ajoutez 1 cuillerée à soupe de graines de sésame ou de tournesol à l'avoine, et essayez d'autres fines herbes à la place du romarin.

Ce plateau attrayant complète à merveille un buffet ou constitue une entrée spectaculaire pour une grande occasion.

Salmigondis

1 Garnir un grand plat ovale de feuilles de laitue.

2 Disposer le poulet en trois triangles convergeants au centre du plat.

3 Disposer les rollmops, les œufs et les viandes en rangées alternées entre les triangles de poulet.

4 Garnir les espaces libres de pois mange-tout, de raisin noir, d'olives, d'échalotes, d'amandes et de raisin de Smyrne.

5 Râper le zeste des oranges et parsemer le plat. Éplucher les oranges, les couper en rondelles et disposer sur le plat avec la menthe. Saler et poivrer selon son goût, arroser de la marinade réservée et servir accompagné de pain frais.

4 PERSONNES

1 grosse laitue, parée
4 blancs de poulet, cuits et coupés en fines tranches
8 rollmops, en réservant la marinade
6 œufs durs, coupés en quartiers
125 g de jambon cuit, coupé en tranches
125 g de rosbif, coupé en tranches
125 g d'agneau rôti, coupé en tranches
150 g de pois mange-tout, cuits
125 g de raisin noir, épépiné
20 olives farcies, coupées en rondelles
12 échalotes, bouillies
55 g d'amandes effilées
55 g de raisin de Smyrne
2 oranges
brins de menthe fraîche
sel et poivre
pain frais, en accompagnement

VALEURS NUTRITIONNELLES

Calories *740* ; glucides *127 g* ; protéines *88 g* ; lipides *34 g* ; acides gras saturés *9 g*

difficulté moyenne
25 minutes
0 minute

CONSEIL

Vous pouvez servir ce plat avec des légumes cuits froids (haricots verts coupés en morceaux, mini-épis de maïs et betteraves cuites, par exemple).

Vous pouvez préparer à l'avance ce sandwich à la méditerranéenne, parfait pour un pique-nique.

Pan bagna *au* poulet

6 PERSONNES

1 baguette, coupée dans la longueur
1 gousse d'ail, coupée en deux
125 ml d'huile d'olive
55 g de poulet rôti froid, coupé en fines tranches
2 grosses tomates, coupées en rondelles
20 g de filets d'anchois en boîte
8 grosses olives noires, dénoyautées et coupées en morceaux
sel et poivre

1 Frotter l'intérieur du pain avec l'ail et arroser d'huile d'olive.

2 Disposer le poulet sur le pain et garnir de tomates et d'anchois.

3 Parsemer d'olives noir, bien saler et poivrer et envelopper de papier d'aluminium. Servir coupé en tranches.

VALEURS NUTRITIONNELLES
Calories *366* ; glucides *22 g* ; protéines *20 g* ; lipides *23 g* ; acides gras saturés *4 g*

très facile
10 minutes
0 minute

CONSEIL

Pour une saveur encore plus aromatique, mettez des feuilles de basilic frais entre les rondelles de tomate. Utilisez une huile d'olive de bonne qualité, qui renforcera le goût.

Cette salade anglaise convient bien pour une entrée ou dans un buffet. Le chutney de mangue ajoute une touche savoureuse.

Poulet Coronation

1 Dans une poêle, faire chauffer l'huile, ajouter le poulet, le lard, les échalotes, l'ail et la poudre de curry, et faire cuire environ 15 minutes à feu doux, en remuant fréquemment.

2 Transférer la préparation dans une terrine, laisser refroidir et saler et poivrer selon son goût.

3 Mélanger la mayonnaise et le miel, ajouter le persil et incorporer le poulet au mélange.

4 Transférer la préparation dans un plat creux, garnir de raisin et servir accompagné de riz au safran froid.

6 PERSONNES

4 cuil. à soupe d'huile d'olive
900 g de poulet, coupé en dés
125 g de lard fumé, découenné et coupé en dés
12 petites échalotes
2 gousses d'ail, hachées
1 cuil. à soupe de poudre de curry doux
sel et poivre
300 ml de mayonnaise
1 cuil. à soupe de miel liquide
1 cuil. à soupe de persil frais haché
85 g de raisin noir, coupé en quartiers, en garniture
riz au safran froid, en accompagnement

VALEURS NUTRITIONNELLES

Calories *660* ; glucides *12 g* ; protéines *40 g* ; lipides *53 g* ; acides gras saturés *9 g*

très facile
10 minutes
15 minutes

CONSEIL

Utilisez cette recette pour farcir des pommes de terre ou comme garniture de sandwich. Coupez alors le poulet en plus petits morceaux.

Vous pouvez préparer cette recette avec un robot de cuisine pour plus de rapidité, ou à la main pour une texture plus épaisse.

Rillettes *de* poulet fumé

6 PERSONNES

350 g de poulet fumé, haché
1 pincée de noix muscade râpée
1 pincée de macis
125 g de beurre, en pommade
2 cuil. à soupe de porto
2 cuil. à soupe de crème fraîche épaisse
250 g de beurre, pour le beurre clarifié (*voir* « conseil »)
sel et poivre
brins de persil frais, en garniture
tranches de pain bis beurrées, en accompagnement

1 Dans une terrine, mélanger le poulet fumé et tous les autres ingrédients, et saler et poivrer selon son goût.

2 Réduire en purée ou mixer dans un robot de cuisine, jusqu'à obtention d'une préparation très homogène.

3 Transférer la préparation obtenue dans des bols de faïence individuels ou dans une grande terrine.

4 Couvrir chaque bol de papier sulfurisé beurré, couvrir de boîtes de conserve ou de poids, et mettre au réfrigérateur 4 heures.

5 Retirer le papier sulfurisé et couvrir de beurre clarifié (*voir* « conseil »).

6 Garnir de brins de persil et servir accompagné de tranches de pain bis beurrées.

VALEURS NUTRITIONNELLES
Calories *345* ; glucides *2 g* ; protéines *18 g* ; lipides *29 g* ; acides gras saturés *19 g*

facile
4 h 20
0 minute

CONSEIL

Pour le beurre clarifié : faites fondre à feu très doux 250 g de beurre dans une casserole, en écumant la mousse que produit le beurre en chauffant, retirez du feu et laissez reposer 4 minutes. Filtrez à l'aide d'une étamine et laissez tiédir.

Parfaits pour un repas entre amis, ces délicieux pilons de poulet peuvent être préparés un jour à l'avance. Au lieu de les faire cuire au four, faites-les griller au barbecue.

Pilons à l'ail *et au* fromage

1 Dans une casserole, faire fondre le beurre, ajouter l'ail et faire cuire 1 minute à feu doux, sans cesser de remuer, en évitant de faire dorer l'ail.

2 Retirer du feu, ajouter le persil, la ricotta, le parmesan et la chapelure, et saler et poivrer selon son goût.

3 Écarter délicatement la peau des pilons de la partie charnue.

4 Mettre environ 1 cuillerée à café de farce sous la peau de chaque pilon, et disposer les pilons dans un plat allant au four.

5 Cuire au four préchauffé, à 195 °C (th. 6-7), 45 minutes, garnir de rondelles de citron et servir chaud ou froid, accompagné de mesclun.

6 PERSONNES

15 g de beurre
1 gousse d'ail, hachée
3 cuil. à soupe de persil frais haché
125 g de ricotta
4 cuil. à soupe de parmesan râpé
3 cuil. à soupe de chapelure fraîche
sel et poivre
12 pilons de poulet
rondelles de citron, en garniture
mesclun, en accompagnement

VALEURS NUTRITIONNELLES

Calories *241* ; glucides *4 g* ; protéines *28 g* ; lipides *13 g*; acides gras saturés *05 g*

difficulté moyenne
25 minutes
50 minutes

CONSEIL

Le parmesan fraîchement râpé a plus de goût que le parmesan acheté déjà râpé. Râpez juste la quantité dont vous avez besoin et enveloppez le reste de papier d'aluminium. Il se gardera ainsi plusieurs mois au réfrigérateur.

Un plat savoureux qui peut être servi seul comme en-cas ou en accompagnement d'une soupe.

Toasts au fromage *et au* poulet

4 PERSONNES

250 g de wensleydale, râpé
250 g de poulet, cuit et coupé en fines lamelles
25 g de beurre
1 cuil. à soupe de sauce Worcester
1 cuil. à café de moutarde anglaise déshydratée
2 cuil. à café de farine
4 cuil. à soupe de bière blonde
sel et poivre
4 tranches de pain de mie
1 cuil. à soupe de persil frais haché, en garniture
tomates cerises, en accompagnement

1 Dans une casserole, mettre le wensleydale, le poulet, le beurre, la sauce Worcester, la moutarde déshydratée, la farine et la bière, mélanger et saler et poivrer selon son goût.

2 Porter à ébullition à feu doux et retirer du feu.

3 À l'aide d'une cuillère en bois, battre la préparation jusqu'à obtention d'une consistance crémeuse et laisser refroidir.

4 Faire griller les tranches de pain et les tartiner avec la préparation obtenue.

5 Passer au gril chaud, jusqu'à ce que la surface soit bien gratinée.

6 Parsemer de persil haché et servir accompagné de tomates cerises.

VALEURS NUTRITIONNELLES

Calories *495* ; glucides *23 g* ; protéines *35 g* ; lipides *30 g* ; acides gras saturés *2 g*

facile
10 minutes
10 minutes

CONSEIL

Le wensleydale (du nom de la ville où il est fabriqué) est un fromage à pâte persillée au goût assez fort. Vous pouvez éventuellement le remplacer par du stilton.

Ce plat coloré et consistant est une variante de la salade classique. Servie avec des petits pains complets frais, c'est un repas léger idéal pour une journée d'été.

Salade *de* poulet Waldorf

1 Dans une terrine, mélanger les pommes, le jus de citron et 1 cuillerée à soupe de mayonnaise, et laisser reposer 40 minutes.

2 Ajouter le céleri, les échalotes, l'ail et les noix, et mélanger.

3 Incorporer la mayonnaise restante et bien mélanger.

4 Ajouter le poulet et bien mélanger.

5 Garnir de feuilles de romaine le fond d'un saladier ou d'un plat en verre, disposer la salade de poulet au centre et poivrer. Garnir de tranches de pomme et servir.

4 PERSONNES

500 g de pommes rouges, évidées et coupées en dés
3 cuil. à soupe de jus de citron frais
150 ml de mayonnaise allégée
1 pied de céleri, finement émincé
4 petites échalotes, finement émincées
1 gousse d'ail, hachée
85 g de noix, hachées
500 g de poulet, cuit et coupé en dés
1 romaine, parée
poivre
tranches de pomme, en garniture

CONSEIL

Pour obtenir un goût moins fort, remplacez les échalotes par des oignons verts. Parez les oignons verts et émincez-les.

VALEURS NUTRITIONNELLES

Calories *471* ; glucides *39 g* ; protéines *38 g* ; lipides *27 g*; acides gras saturés *4 g*

facile
50 minutes
0 minute

Pour cette salade d'été, simple et rafraîchissante, vous pouvez utiliser des restes de poulet rôti, ou du poulet prêt à consommer. Ajoutez la sauce juste avant de servir pour éviter que les épinards perdent leur croquant.

Salade *de* poulet épicée

4 PERSONNES

3 branches de céleri, finement émincées
½ concombre, finement émincé
2 oignons verts, finement émincés
250 g de jeunes feuilles d'épinard
3 cuil. à soupe de persil frais haché
350 g de poulet rôti, désossé et émincé

sauce

1 morceau de gingembre frais de 2,5 cm, finement râpé
3 cuil. à soupe d'huile d'olive
1 cuil. à soupe de vinaigre de vin blanc
1 cuil. à soupe de miel liquide
½ cuil. à café de cannelle en poudre
sel et poivre
amandes fumées, en garniture (facultatif)

1 Dans une terrine, mélanger le céleri, le concombre, les oignons verts, les feuilles d'épinard et le persil.

2 Répartir dans des assiettes et disposer le poulet sur la salade.

3 Dans un bocal hermétique, verser tous les ingrédients de la sauce et bien agiter. Saler et poivrer la salade selon son goût, verser la sauce sur la salade et garnir éventuellement d'amandes fumées.

VALEURS NUTRITIONNELLES
Calories *225* ; glucides *8 g* ; protéines *25 g* ; lipides *12 g*; acides gras saturés *2 g*

très facile
10 minutes
0 minute

CONSEIL

Les jeunes feuilles d'épinard se marient particulièrement bien avec les fruits. Pour obtenir une salade encore plus rafraîchissante, ajoutez quelques framboises fraîches ou des tranches de nectarine.

La douceur de la poire complète à merveille le goût prononcé du bleu, dans cette délicieuse salade chaude.

Suprême de poulet *et* salade de riz

1 Dans une terrine, mettre l'huile d'olive, les échalotes, l'ail, l'estragon et la moutarde, saler et poivrer selon son goût, et mélanger.

2 Mettre les blancs de poulet dans la marinade obtenue, couvrir de film alimentaire et mettre au réfrigérateur environ 4 heures.

3 Égoutter le poulet, réserver la marinade et faire revenir le poulet dans une poêle antiadhésive, 4 minutes de chaque côté. Transférer le poulet dans un plat chaud.

4 Verser la marinade dans la poêle, porter à ébullition et saupoudrer de farine. Réduire le feu, mouiller avec le bouillon et ajouter la pomme et les noix. Laisser mijoter 5 minutes, remettre le poulet dans la poêle et ajouter la crème fraîche. Laisser cuire encore 2 minutes.

5 Mélanger les ingrédients de la salade, répartir un peu de salade dans chaque assiette et garnir d'un blanc de poulet. Arroser d'une cuillerée de sauce et servir.

6 PERSONNES

50 ml d'huile d'olive
6 petites échalotes, émincées
1 gousse d'ail, hachée
2 cuil. à soupe d'estragon frais haché
1 cuil. à soupe de moutarde anglaise
6 blancs de poulet, sans la peau
1 cuil. à soupe de farine
sel et poivre
150 ml de bouillon de poulet
1 pomme, évidée et coupée en dés
1 cuil. à soupe de noix hachées
2 cuil. à soupe de crème fraîche épaisse

salade

250 g de riz cuit
2 grosses poires, évidées et coupées en dés
150 g de bleu, coupé en dés
1 poivron rouge, épépiné et coupé en dés
1 cuil. à soupe de coriandre fraîche hachée
1 cuil. à soupe d'huile de sésame

VALEURS NUTRITIONNELLES

Calories *605* ; glucides 65 *g* ; protéines *41 g* ; lipides *27 g*; acides gras saturés *10 g*

facile
4 h 15
20 minutes

Ce plat simple et coloré tentera toute la famille – les enfants apprécieront les formes amusantes des poivrons multicolores.

Poulet Arlequin

4 PERSONNES

1 cuil. à soupe d'huile de tournesol
10 hauts de cuisse de poulet, désossés, sans la peau et coupés en bouchées
1 oignon, finement émincé
3 poivrons (1 jaune, 1 rouge, 1 vert), épépinés et coupés en losanges
400 g de tomates concassées en boîte
2 cuil. à soupe de persil frais haché
sel et poivre

accompagnement
pain complet
salade verte

1 Dans une poêle, faire chauffer l'huile, ajouter le poulet et l'oignon, et faire revenir rapidement, jusqu'à ce qu'ils soient dorés.

2 Ajouter les poivrons, faire cuire 2 à 3 minutes et incorporer les tomates et le persil. Saler et poivrer selon son goût.

3 Bien couvrir, laisser mijoter environ 15 minutes, jusqu'à ce que le poulet et les légumes soient tendres, et servir chaud, accompagné de pain complet et de salade verte.

VALEURS NUTRITIONNELLES
Calories *183* ; glucides *16 g* ; protéines *24 g* ; lipides *6 g* ; acides gras saturés *1 g*

très facile
15 minutes
30 minutes

CONSEIL

Si vous cuisinez ce plat pour des enfants, coupez le poulet en plus petits morceaux ou hachez-le.

Ce plat simple et rapide à préparer est coloré et très sain. Il est idéal pour un déjeuner ou un dîner léger.

Poulet *aux* deux poivrons

1 Dans une casserole, faire chauffer 1 cuillerée à soupe d'huile et ajouter un oignon haché, une gousse d'ail, les poivrons rouges, le poivre de Cayenne et le concentré de tomates. Dans une autre casserole, faire chauffer l'huile restante et ajouter l'oignon et l'ail restants, les poivrons jaunes et le basilic.

2 Couvrir les casseroles et faire cuire 1 heure à feu très doux, jusqu'à ce que les poivrons soient tendres, en ajoutant éventuellement un peu d'eau de façon à éviter que les préparations attachent. Mixer les préparations séparément dans un robot de cuisine et filtrer.

3 Reverser les préparations dans les casseroles, saler et poivrer selon son goût et réserver au chaud à feu doux.

4 Dans une poêle, mettre les blancs de poulet, mouiller avec le vin et le bouillon, et ajouter le bouquet garni. Laisser frémir, faire cuire 20 minutes, jusqu'à ce que la viande soit tendre, et retirer le bouquet garni.

5 Répartir chaque sauce dans 4 assiettes, couper le poulet en tranches et disposer dans les assiettes. Garnir de fines herbes fraîches.

CONSEIL

Si vous n'avez pas le temps de faire vous-même le bouquet garni (*voir* page 14), utilisez un bouquet garni en sachet, prêt à l'emploi.

4 PERSONNES

2 cuil. à soupe d'huile d'olive
2 oignons, finement hachés
2 gousses d'ail, hachées
2 poivrons rouges, épépinés et hachés
1 bonne pincée de poivre de Cayenne
2 cuil. à café de concentré de tomates
2 poivrons jaunes, épépinés et hachés
1 pincée de basilic séché
sel et poivre
4 blancs de poulet, sans la peau
150 ml de vin blanc sec
150 ml de bouillon de poulet
bouquet garni, frais ou séché
fines herbes fraîches, en garniture

VALEURS NUTRITIONNELLES

Calories *257* ; glucides *15 g* ; protéines *29 g* ; lipides *10 g*; acides gras saturés *2 g*

difficulté moyenne
30 minutes
1 h 35

Cette recette est facile à réaliser, et sa combinaison de poulet et de jambon mixée à des fines herbes, est tout ce qu'il y a de plus simple.

Terrine de poulet *et* jambon persillée

4 PERSONNES

225 g de blanc de poulet, cuit, sans la peau et coupé en dés
100 g de jambon, dégraissé et coupé en dés
1 petit bouquet de persil
1 gousse d'ail
1 cuil. à café de zeste de citron râpé, un peu plus en garniture
2 cuil. à soupe de jus de citron
125 g de fromage blanc allégé
sel et poivre

accompagnement
quartiers de citron
pain scandinave ou pain frais
salade verte

1 Mettre le poulet et le jambon dans un robot de cuisine.

2 Ajouter le bouquet de persil, l'ail, le zeste et le jus de citron, et mixer jusqu'à ce que le tout soit finement haché, ou hacher finement le poulet, le jambon, le bouquet de persil et l'ail, et mélanger avec le zeste et le jus de citron dans une terrine.

3 Transférer la préparation obtenue dans une terrine, incorporer le fromage blanc et remuer. Saler et poivrer selon son goût, couvrir de film alimentaire et mettre au réfrigérateur environ 30 minutes.

4 Répartir la terrine dans des assiettes, garnir de zeste de citron et servir accompagné de quartiers de citron, de pain scandinave ou de pain frais.

VALEURS NUTRITIONNELLES
Calories *119* ; glucides *4 g* ; protéines *20 g* ; lipides *3 g* ; acides gras saturés *1 g*

très facile
45 minutes
0 minute

CONSEIL

Vous pouvez préparer cette terrine avec d'autres viandes cuites hachées et maigres (dinde, bœuf, porc), ou remplacer le poulet et le jambon par des crevettes roses (ou grises) décortiquées et/ou de la chair de crabe ou du thon en saumure égoutté.

Les pommes de terre et le poulet sont combinés pour obtenir de délicieuses rissoles aux amandes, servies accompagnées de légumes sautés.

Rissoles au poulet *et aux* amandes

1 Mélanger les pommes de terre, la carotte, le poulet, l'ail, les herbes et les épices, et saler et poivrer selon goût.

2 Ajouter le jaune d'œuf, remuer et diviser la préparation en deux. Façonner deux rissoles, mettre les amandes dans une assiette et enrober les rissoles. Disposer dans un plat allant au four et cuire au four préchauffé, à 200 °C (th. 6-7), environ 20 minutes, jusqu'à ce qu'elles soient bien dorées.

3 Dans une poêle, faire chauffer l'huile, ajouter le céleri et les oignons, et faire cuire 1 à 2 minutes à feu vif. Ajouter le maïs et les pois mange-tout, faire cuire encore 2 à 3 minutes, et ajouter le vinaigre balsamique.

4 Servir les rissoles avec les légumes sautés et garnir d'un ou deux quartiers de citron.

2 PERSONNES

115 g de pommes de terre cuites, hachées
1 carotte, râpée
115 g de chair de poulet cuite, finement hachée ou émincée
1 gousse d'ail, hachée
½ cuil. à café d'estragon ou de thym séchés
1 pincée de mélange d'épices ou de coriandre en poudre
sel et poivre
1 jaune d'œuf ou ½ œuf, battu
25 g d'amandes effilées, finement hachées
quartiers de citron, en garniture

légumes sautés

1 cuil. à soupe d'huile d'arachide
1 côte de céleri, émincée en biais
2 oignons verts, émincés en biais
8 mini-épis de maïs, émincés en biais
40 g de pois mange-tout
2 cuil. à café de vinaigre balsamique

VALEURS NUTRITIONNELLES

Calories *161* ; glucides 11 *g* ; protéines *12 g* ; lipides *9 g* ; acides gras saturés *1 g*

difficulté moyenne

35 minutes

30 minutes

Plats rapides

Le poulet présente l'avantage de cuire très vite quand il est coupé en petits morceaux. C'est précieux pour ceux et celles qui ne peuvent pas passer beaucoup de temps dans leur cuisine. Ce chapitre contient des recettes de plats nourrissants, savoureux et rapides à préparer. Les pâtes forment avec le poulet une association idéale, car elles cuisent elles aussi rapidement. Les torsades au poulet font beaucoup d'effet tout en ne demandant que peu de préparation : les blancs de poulet sont cuits avec une délicieuse garniture d'ail, de noisettes et de basilic, puis servis sur un lit de pâtes, d'olives et de tomates séchées. Coupé en dés, le poulet se prête aussi très bien à des recettes dans lesquelles, sauté à la poêle, il est tendre, moelleux et délicieux. Essayez par exemple le sauté de poulet aux cacahuètes, un plat croustillant servi avec du vermicelle. Le risotto est aussi un excellent choix pour les gens pressés ; deux recettes de risotto, sélectionnées parmi les innombrables variantes de ce plat, figurent dans ce chapitre.

Cette célèbre recette est la variante la plus réputée des risottos italiens.

Risotto de poulet *à la* milanaise

4 PERSONNES

125 g de beurre
900 g de poulet, finement émincé
1 gros oignon, haché
500 g de riz arborio
600 ml de bouillon de poulet
150 ml de vin blanc
1 cuil. à café de filaments de safran écrasés
sel et poivre
55 g de parmesan râpé, en accompagnement

1 Dans une poêle, faire chauffer 55 g de beurre, ajouter le poulet et l'oignon, et faire revenir jusqu'à ce qu'ils soient dorés.

2 Ajouter le riz, bien mélanger et faire cuire 15 minutes.

3 Porter le bouillon à ébullition, incorporer progressivement à la préparation précédente et ajouter le vin blanc et le safran. Saler et poivrer selon son goût, bien mélanger et laisser mijoter 20 minutes, en remuant de temps en temps et en ajoutant du bouillon si le risotto devient trop sec.

4 Laisser reposer quelques minutes, ajouter un peu de bouillon et laisser mijoter encore 10 minutes. Servir le risotto, saupoudré de parmesan râpé et parsemé de noix de beurre.

VALEURS NUTRITIONNELLES

Calories *857* ; glucides *73 g* ; protéines *57 g* ; lipides *38 g* ; acides gras saturés *21 g*

facile
15 minutes
1 heure

CONSEIL

Les grains de riz d'un risotto doivent être moelleux mais rester dissociés. Ajoutez le bouillon par petites quantités, en attendant que le riz ait absorbé le bouillon entre chaque ajout.

Le poulet est délicieusement surprenant lorsqu'il est combiné à des fruits, tels que du raisin ou des groseilles.

Poulet *à* l'élisabéthaine

1 Dans une cocotte ou dans une poêle, faire chauffer le beurre et l'huile, ajouter les blancs de poulet et faire revenir, en les retournant une fois, jusqu'à ce qu'ils soient dorés. Retirer les blancs et réserver au chaud.

2 Ajouter les échalotes dans la cocotte, faire cuire à feu doux jusqu'à ce qu'elles soient tendres et légèrement dorées, et ajouter les blancs de poulet.

3 Mouiller avec le bouillon et le vinaigre, porter à ébullition et réduire le feu. Couvrir et laisser mijoter 10 à 12 minutes, en remuant de temps en temps.

4 Disposer le poulet dans un plat, ajouter le raisin, la crème fraîche et la noix muscade dans la cocotte et bien faire chauffer. Saler et poivrer selon son goût, ajouter éventuellement de la maïzena, de façon à ce que la sauce épaississe, et napper le poulet. Servir immédiatement.

4 PERSONNES

15 g de beurre
1 cuil. à soupe d'huile de tournesol
4 blancs de poulet, sans la peau
4 échalotes, finement hachées
150 ml de bouillon de poulet
1 cuil. à soupe de vinaigre de cidre
175 g de grains de raisin, épépinés et coupés en deux
120 ml de crème fraîche épaisse
1 cuil. à café de noix muscade fraîchement râpée
sel et poivre
maïzena, pour épaissir (facultatif)

VALEURS NUTRITIONNELLES

Calories *351* ; glucides *13 g* ; protéines *31 g* ; lipides *22 g* ; acides gras saturés *12 g*

facile
15 minutes
30 minutes

CONSEIL

Vous pouvez ajouter un peu de vin blanc sec ou de vermouth dans la sauce, au cours de l'étape 3.

Voici un plat complet, cuit en 10 minutes. Les nouilles aux œufs sont un accompagnement idéal car elles cuisent rapidement pendant que vous faites revenir la préparation.

Sauté de poulet *aux* cacahuètes

4 PERSONNES

250 g de nouilles aux œufs asiatiques
2 cuil. à soupe d'huile de maïs
1 cuil. à soupe d'huile de sésame
8 hauts de cuisse de poulet désossés ou 4 blancs de poulet, finement émincés
300 g de courgettes, coupées en fines rondelles
250 g de mini-épis de maïs, coupés en fines rondelles
300 g de champignons de Paris, finement émincés
350 g de germes de soja
4 cuil. à soupe de beurre de cacahuètes
2 cuil. à soupe de sauce de soja
2 cuil. à soupe de jus de citron ou de citron vert
55 g de cacahuètes grillées
poivre
brins de coriandre fraîche, en garniture

1 Porter à ébullition une casserole d'eau légèrement salée, faire cuire les nouilles 3 à 4 minutes et égoutter.

2 Dans une poêle ou un wok préchauffé, faire chauffer l'huile de maïs et l'huile de sésame, ajouter le poulet et faire revenir 1 minute à feu assez vif. Ajouter les courgettes, le maïs et les champignons, et faire revenir 5 minutes.

3 Ajouter les germes de soja, le beurre de cacahuètes, la sauce de soja et le jus de citron, et faire cuire encore 2 minutes.

4 Transférer les pâtes dans un plat, parsemer de cacahuètes et servir avec le poulet et les légumes sautés, garni de brins de coriandre fraîche.

VALEURS NUTRITIONNELLES

Calories *563* ; glucides *29 g* ; protéines *45 g* ; lipides *33 g* ; acides gras saturés *7 g*

facile
10 minutes
15 minutes

CONSEIL

Vous pouvez servir ce plat avec du vermicelle de riz ou des pâtes rubans translucides, à base de farine de riz.

Ces blancs de poulet sont farcis à la ricotta, à la noix muscade et aux épinards, puis enrobés de fines tranches de jambon de Parme et lentement cuits dans du vin blanc.

Poulet *au* jambon de Parme

1 Mettre les épinards dans une passoire, exprimer l'eau à l'aide d'une cuillère et mélanger avec la ricotta et la noix muscade. Saler et poivrer selon goût.

2 À l'aide d'un couteau tranchant, fendre largement chaque blanc de poulet, garnir l'intérieur de préparation et refermer. Enrouler une tranche de jambon de Parme, fixer à l'aide d'une pique à cocktail et disposer dans un plat. Couvrir et mettre au réfrigérateur.

3 Faire chauffer le beurre et l'huile dans une poêle, ajouter les blancs de poulet et faire revenir 2 minutes de chaque côté, jusqu'à ce qu'ils soient dorés. Disposer dans un plat allant au four et réserver au chaud.

4 Faire revenir les oignons et les champignons 2 à 3 minutes, jusqu'à ce qu'ils soient légèrement dorés, délayer la farine et mouiller progressivement avec le vin et le bouillon. Porter à ébullition sans cesser de remuer, saler et poivrer selon son goût et répartir la préparation obtenue autour du poulet.

5 Cuire au four préchauffé, à 200 °C (th. 6-7), 20 minutes, retourner les blancs et cuire encore 10 minutes. Retirer les piques à cocktail et servir avec la sauce, accompagné d'une purée de carottes et de haricots verts.

4 PERSONNES

125 g d'épinards surgelés, décongelés
125 g de ricotta
1 pincée de noix muscade râpée
sel et poivre
4 blancs de poulet de 175 g chacun, sans la peau
4 tranches de jambon de Parme
25 g de beurre
1 cuil. à soupe d'huile d'olive
12 petits oignons ou échalotes
125 g de champignons de Paris, émincés
1 cuil. à soupe de farine
150 ml de vin rouge ou de vin blanc sec
300 ml de bouillon de poulet

accompagnement

purée de carottes
haricots verts

VALEURS NUTRITIONNELLES

Calories *609* ; glucides *56 g* ; protéines *26 g* ; lipides *38 g* ; acides gras saturés *6 g*

difficulté moyenne

20 minutes

40 minutes

Ces blancs de poulet sont servis avec une sauce riche et veloutée, à base de whisky et de crème fraîche.

Blancs de poulet pochés *au* whisky

6 PERSONNES

25 g de beurre
55 g de poireau, finement émincé
55 g de carottes, coupées en dés
55 g de céleri, coupé en dés
4 échalotes, émincées
600 ml de bouillon de poulet
6 blancs de poulet
50 ml de whisky
200 ml de crème fraîche
2 cuil. à soupe de raifort fraîchement râpé
1 cuil. à café de miel chaud
1 cuil. à café de persil frais haché
sel et poivre
1 brin de persil frais, en garniture

accompagnement
galettes de légumes
carottes, cuites à la vapeur

VALEURS NUTRITIONNELLES
Calories *337* ; glucides *12 g* ; protéines *37 g* ; lipides *15 g* ; acides gras saturés *8 g*

facile
20 minutes
45 minutes

1 Dans une casserole, faire fondre le beurre, ajouter le poireau, les carottes, le céleri et les échalotes, et faire cuire 3 minutes. Mouiller avec la moitié du bouillon et faire cuire environ 8 minutes.

2 Mouiller avec le bouillon restant, porter à ébullition et ajouter les blancs de poulet. Faire cuire encore 10 minutes.

3 Retirer le poulet, le couper en tranches fines et le réserver au chaud dans un grand plat de service.

4 Dans une autre casserole, faire chauffer le whisky, de façon à ce qu'il réduise de moitié, filtrer le bouillon et ajouter au whisky. Faire cuire, de façon à ce qu'il réduise à nouveau de moitié.

5 Ajouter la crème fraîche, le raifort et le miel, faire chauffer à feu doux et ajouter le persil haché. Saler et poivrer selon son goût et bien mélanger.

6 Napper le poulet de sauce au whisky et servir la sauce restante dans une saucière.

7 Servir accompagné de galettes préparées avec les légumes restants et de carottes cuites à la vapeur, et garnir d'un brin de persil.

Ce poulet est subtilement relevé de poivre de Cayenne et de paprika, et servi avec une sauce fruitée.

Poulet *aux* épices

1 Mélanger la farine, le poivre de Cayenne et le paprika, et enrober le poulet.

2 Dans une casserole, faire fondre le beurre, ajouter le poulet et l'oignon, et faire cuire 4 minutes à feu doux.

3 Incorporer la préparation à base de farine restante, verser progressivement le lait et faire cuire sans cesser de remuer, jusqu'à ce que la sauce épaississe.

4 Ajouter la compote de pommes et le raisin, et laisser mijoter 20 minutes.

5 Transférer le poulet et la sauce dans un plat, napper de crème aigre et saupoudrer de paprika.

2 À 3 PERSONNES

25 g de farine
1 cuil. à soupe de poivre de Cayenne
1 cuil. à café de paprika, un peu plus pour saupoudrer
350 g de poulet, désossé, sans la peau et coupé en dés
25 g de beurre
1 oignon, finement haché
450 ml de lait, chaud
4 cuil. à soupe de compote de pommes
125 g de raisin blanc
150 ml de crème aigre

CONSEIL

Pour rendre ce plat plus léger, remplacez la crème fraîche par du yaourt nature.

VALEURS NUTRITIONNELLES

Calories *455* ; glucides *48 g* ; protéines *37 g* ; lipides *23 g* ; acides gras saturés *14 g*

très facile
10 minutes
35 minutes

Voici un plat pauvre en calories et très savoureux grâce à sa cuisson à la vapeur qui vous évite d'utiliser des matières grasses ; les papillottes retiennent le jus du poulet.

Torsades *au* poulet

4 PERSONNES

4 filets de poulet, désossés et sans la peau
25 g de feuilles de basilic frais
15 g de noisettes
1 gousse d'ail, hachée
sel et poivre
250 g de torsades complètes
1 cuil. à soupe de jus de citron
1 cuil. à soupe d'huile d'olive
2 tomates séchées ou fraîches, coupées en dés
1 cuil. à soupe de câpres
55 g d'olives noires

1 Aplatir les blancs de poulet à l'aide d'un rouleau à pâtisserie.

2 Mixer le basilic et les noisettes dans un robot de cuisine, ajouter l'ail et saler et poivrer selon son goût.

3 Étaler la préparation précédente sur les blancs de poulet, enrouler les blancs autour de la garniture et envelopper de papier d'aluminium, en fermant bien les extrémités.

4 Porter à ébullition une casserole d'eau légèrement salée, ajouter les pâtes et faire cuire jusqu'à ce qu'elles soient al dente.

5 Disposer les papillotes de poulet dans un panier à étuver, bien couvrir et cuire à la vapeur 10 minutes.

6 Égoutter les pâtes, remettre dans la casserole avec le jus de citron, l'huile d'olive, les tomates, les câpres et les olives, et bien faire chauffer.

7 Pour vérifier la cuisson, piquer le poulet à l'aide d'une brochette, de façon à s'assurer qu'il rende un jus clair. Couper le poulet en tranches, le disposer sur les pâtes et servir.

VALEURS NUTRITIONNELLES

Calories *367* ; glucides *36 g* ; protéines *33 g* ; lipides *12 g* ; acides gras saturés *2 g*

difficulté moyenne
25 minutes
20 minutes

CONSEIL

Les tomates séchées sont très parfumées mais si vous n'en trouvez pas, vous pouvez utiliser des tomates fraîches.

Farci de ricotta, d'épinards et d'ail, le poulet est cuit à feu doux dans une sauce tomate riche. C'est une recette idéale si vous voulez préparer votre repas à l'avance.

Poulet *à* l'ail

1 Pratiquer une incision sur le côté de chaque blanc de poulet, entre la peau et la chair, et soulever la peau en veillant à ce qu'elle ne se détache pas de l'autre côté.

2 Mettre les épinards dans une passoire, exprimer l'eau à l'aide d'une cuillère et mélanger avec la ricotta et la moitié de l'ail. Saler et poivrer selon son goût.

3 Répartir la préparation obtenue sous la peau de chaque blanc de poulet et fixer le bord à l'aide d'une pique à cocktail.

4 Dans une poêle, faire chauffer l'huile, ajouter l'oignon et faire revenir 1 minute sans cesser de remuer. Ajouter l'ail restant et le poivron rouge, faire cuire 2 minutes et ajouter les tomates. Mouiller avec le vin ou le bouillon, ajouter les olives et saler et poivrer selon son goût. Réserver et mettre le poulet au réfrigérateur si les premières étapes ont été réalisées à l'avance.

5 Porter la sauce à ébullition, transférer dans une cocotte allant au four et disposer les blancs de poulet dessus, en une seule couche.

6 Cuire au four préchauffé, à 200 °C (th. 6-7), 35 minutes, jusqu'à ce que le poulet soit doré et bien cuit. Pour vérifier la cuisson, piquer le poulet à l'aide d'une brochette, de façon à s'assurer qu'il rende un jus clair. Napper les blancs de sauce, disposer dans un plat et servir accompagné de pâtes.

4 PERSONNES

4 blancs de poulet, en partie désossés
125 g d'épinards surgelés, décongelés
150 g de ricotta
2 gousses d'ail, hachées
sel et poivre
1 cuil. à soupe d'huile d'olive
1 oignon, haché
1 poivron rouge, épépiné et coupé en rondelles
400 g de tomates concassées en boîte
6 cuil. à soupe de vin ou de bouillon de poulet
10 olives farcies, coupées en rondelles
sel et poivre
pâtes, en accompagnement

VALEURS NUTRITIONNELLES

Calories *316* ; glucides *12 g* ; protéines *40 g* ; lipides *13 g* ; acides gras saturés *5 g*

difficulté moyenne
20 minutes
45 minutes

Très facile à préparer et à manger avec les doigts, ce plat peut être servi chaud pour un repas léger, ou froid dans un buffet.

Bâtonnets de poulet *et* sauces froides

2 PERSONNES

2 blancs de poulet, sans la peau et coupés en bâtonnets
15 g de farine
1 cuil. à soupe d'huile de tournesol
bâtonnets de légumes, en accompagnement

sauce aux cacahuètes

3 cuil. à soupe de beurre de cacahuètes
4 cuil. à soupe de yaourt nature
1 cuil. à café de zeste d'orange râpé
jus d'orange (facultatif)

sauces aux tomates

1 tomate, concassée
5 cuil. à soupe de fromage blanc, battu
2 cuil. à café de concentré de tomates
1 cuil. à café de ciboulette fraîche hachée

1 Enrober les blancs de poulet de farine.

2 Dans une poêle, faire chauffer l'huile, ajouter le poulet et faire revenir jusqu'à ce qu'il soit doré et bien cuit. Retirer le poulet de la poêle et égoutter sur du papier absorbant.

3 Pour la sauce aux cacahuètes, mélanger tous les ingrédients dans une terrine et ajouter éventuellement un peu de jus d'orange de façon à fluidifier la sauce.

4 Pour la sauce tomate, mélanger tous les ingrédients.

5 Servir les bâtonnets de poulet avec les sauces froides et un assortiment de bâtonnets de légumes.

VALEURS NUTRITIONNELLES
Calories *575* ; glucides *40 g* ; protéines *50 g* ; lipides *32 g* ; acides gras saturés *10 g*

facile
20 minutes
10 minutes

CONSEIL

Pour une version plus légère de ce plat, pochez les bâtonnets de poulet 6 à 8 minutes dans un peu de bouillon de poulet bouillant.

Si vous préférez, utilisez des blancs de poulet dans cette recette. Ce plat propose une combinaison surprenante de liqueur de café et de cognac.

Poulet Lady Jayne

1 Mettre le poulet sur une planche à découper, couvrir de film alimentaire et aplatir à l'aide d'un maillet à viande ou d'un rouleau à pâtisserie.

2 Dans une grande poêle, faire chauffer l'huile, ajouter le poulet et faire revenir 3 minutes de chaque côté. Ajouter les échalotes et faire cuire encore 3 minutes.

3 Arroser de jus de citron, parsemer de zeste et mouiller avec la sauce Worcester et le bouillon. Faire cuire encore 2 minutes et parsemer de persil frais haché.

4 Ajouter la liqueur de café et le cognac, flamber le poulet et laisser cuire jusqu'à extinction des flammes. Servir.

4 PERSONNES

4 blancs ou suprêmes de poulet, de 125 g chacun
4 cuil. à soupe d'huile de maïs
8 petites échalotes, émincées
zeste et jus d'un citron
2 cuil. à café de sauce Worcester
4 cuil. à soupe de bouillon de poulet
1 cuil. à soupe de persil frais haché
3 cuil. à soupe de liqueur de café
3 cuil. à soupe de cognac, chaud

VALEURS NUTRITIONNELLES

Calories *294* ; glucides *11 g* ; protéines *30 g* ; lipides *12 g* ; acides gras saturés *2 g*

difficile
10 minutes
15 minutes

CONSEIL

Un suprême de poulet est un blanc de poulet qui peut conserver une partie de l'os de l'aile.

Un glaçage sucré et fruité enrobe des blancs de poulet dans cette recette. Le riz à la menthe complète ce plat pour un bon repas.

Poulet *à* l'orange

6 PERSONNES

6 blancs de poulet
1 cuil. à café de curcuma
1 cuil. à soupe de moutarde à l'ancienne
300 ml de jus d'orange
2 cuil. à soupe de miel liquide
2 cuil. à soupe d'huile de tournesol
350 g de riz long
1 orange
3 cuil. à soupe de menthe hachée
brins de menthe, en garniture

1 À l'aide d'un couteau tranchant, pratiquer des incisions en croisillons sur les blancs de poulet. Mélanger le curcuma, la moutarde, le jus d'orange et le miel, verser sur le poulet et réserver au réfrigérateur.

2 Retirer le poulet de la marinade et sécher avec du papier absorbant.

3 Dans une poêle, faire chauffer l'huile, ajouter le poulet et faire revenir, en le retournant une fois, jusqu'à ce qu'il soit doré. Ôter l'excédent d'huile, ajouter la marinade et couvrir. Laisser mijoter 10 à 15 minutes, jusqu'à ce que le poulet soit tendre.

4 Faire cuire le riz dans de l'eau légèrement salée, jusqu'à ce qu'il soit tendre, et bien égoutter. Râper finement le zeste de l'orange, incorporer au riz et ajouter la menthe.

5 À l'aide d'un couteau tranchant, retirer l'écorce et la peau blanche de l'orange et couper la pulpe en quartiers.

6 Servir le poulet avec le riz, garni de quartiers d'orange et de brins de menthe.

VALEURS NUTRITIONNELLES
Calories *427* ; glucides *53 g* ; protéines *39 g* ; lipides *12 g* ; acides gras saturés *3 g*

difficulté moyenne
5 minutes
35 minutes

CONSEIL

Pour une sauce un peu plus relevée, remplacez les oranges par de petits pamplemousses.

Cuire le poulet dans des papillottes le parfume délicieusement. Cela permet aussi d'utiliser moins d'huile, car le poulet et les légumes cuisent dans leur jus.

Poulet *en* papillote

1 Découper 6 carrés de papier d'aluminium d'environ 25 cm de côté, huiler légèrement et réserver.

2 À l'aide d'un couteau tranchant, pratiquer des incisions sur chaque blanc de poulet, à intervalles réguliers, et insérer la mozzarella dans les incisions.

3 Répartir les courgettes et les tomates dans les carrés de papier d'aluminium, poivrer selon son goût, et parsemer de basilic.

4 Disposer un blanc de poulet sur les légumes de chaque papillote et envelopper le tout dans le papier d'aluminium, en rabattant bien les bords.

5 Disposer sur une plaque de four et cuire au four préchauffé, à 200 °C (th. 6-7), environ 30 minutes.

6 Défaire les papillotes et servir accompagné de riz ou de pâtes.

6 PERSONNES

1 cuil. à soupe d'huile d'olive
6 blancs de poulet, sans la peau
250 g de mozzarella, coupée en tranches
500 g de courgettes, coupées en rondelles
6 grosses tomates, coupées en rondelles
poivre
1 petite botte de basilic ou d'origan frais, ciselée
riz ou pâtes, en accompagnement

CONSEIL

Pour favoriser la cuisson, placez les légumes et le poulet sur la face brillante du papier d'aluminium. Une fois la papillote refermée, la face mate sera à l'extérieur, et la chaleur pénétrera ainsi à l'intérieur au lieu d'être réfléchie.

VALEURS NUTRITIONNELLES

Calories *234* ; glucides *10 g* ; protéines *28 g* ; lipides *12 g* ; acides gras saturés *5 g*

facile
25 minutes
30 minutes

Ce sauté, sain et rapide à préparer, contient un minimum de matières grasses. Si vous n'avez pas de wok, utilisez une grande poêle à fond épais.

Sauté de poulet *aux* petits légumes

4 PERSONNES

2 cuil. à soupe d'huile de tournesol
4 blancs de poulet, sans la peau et coupés en lanières
250 g de mini-épis de maïs, coupés dans la longueur
250 g de pois mange-tout
1 cuil. à soupe de vinaigre de xérès
1 cuil. à soupe de miel
1 cuil. à soupe de sauce de soja claire
1 cuil. à soupe de graines de tournesol
poivre
nouilles aux œufs, en accompagnement

1 Dans un wok ou une poêle préchauffés, faire chauffer l'huile de tournesol, ajouter le poulet et faire cuire à feu vif 1 minute, sans cesser de remuer.

2 Ajouter les épis de maïs et les pois mange-tout, et faire revenir à feu moyen 5 à 8 minutes, jusqu'à ce que les légumes soient cuits et légèrement croquants.

3 Mélanger le vinaigre, le miel et la sauce de soja, ajouter dans le wok avec les graines de tournesol et poivrer selon son goût. Faire cuire 1 minute, sans cesser de remuer, et servir accompagné de nouilles aux œufs.

VALEURS NUTRITIONNELLES
Calories *280* ; glucides *16 g* ; protéines *31 g* ; lipides *11 g* ; acides gras saturés *2 g*

très facile
5 minutes
10 minutes

CONSEIL

Les vinaigres de riz ou balsamique constitueront une bonne alternative au vinaigre de xérès.

Servies avec une sauce tomate crémeuse, ces bouchées au poulet font un excellent repas léger, si on les accompagne de pain frais.

Saucisses *de* poulet

1 Dans une terrine, mélanger la chapelure, le poulet haché, le poireau, les fines herbes et la moutarde en poudre, saler et poivrer selon son goût et bien mélanger.

2 Ajouter un œuf entier et un jaune d'œuf avec un peu de lait, de façon à lier la préparation.

3 Diviser la préparation en 6 ou 8 portions et façonner chaque portion en une saucisse, fine ou épaisse.

4 Battre le blanc d'œuf jusqu'à obtention d'une consistance mousseuse et passer les saucisses dans le blanc d'œuf et dans la chapelure.

5 Faire chauffer la graisse d'oie, faire cuire les saucisses 6 minutes, jusqu'à ce qu'elles soient bien dorées et servir accompagné de tomates coupées en deux, de pommes de terre rôties, et garni de brins de persil frais.

6 PERSONNES

175 g de chapelure fraîche
250 g de poulet, cuit et haché
1 petit poireau, finement émincé
1 pincée de mélange de fines herbes et de moutarde en poudre
sel et poivre
2 œufs, blancs et jaunes séparés
4 cuil. à soupe de lait
chapelure, pour enrober
25 g de graisse d'oie
sel et poivre
brins de persil frais, en garniture

accompagnement

tomates, coupées en deux
pommes de terre, rôties

VALEURS NUTRITIONNELLES

Calories *268* ; glucides *29 g* ; protéines *18 g* ; lipides *10 g* ; acides gras saturés *4 g*

difficulté moyenne
15 minutes
10 minutes

CONSEIL

Vous pouvez faire vous-même le hachis de poulet, en mixant des blancs de poulet dans un robot de cuisine.

Si vous le souhaitez, vous pouvez remplacer le riz arborio par du riz long grain, mais vous n'obtiendrez pas la consistance caractéristique du risotto italien.

Risotto doré *au* poulet

4 PERSONNES

2 cuil. à soupe d'huile de tournesol
15 g de beurre ou de margarine
1 poireau moyen, finement émincé
1 gros poivron jaune, épépiné et coupé en dés
3 blancs de poulet, sans la peau et coupés en dés
350 g de riz arborio
filaments de safran
sel et poivre
1,5 l de bouillon de poulet
200 g de maïs en boîte
55 g de cacahuètes non salées, grillées
55 g de parmesan, râpé

1 Dans une casserole, faire chauffer l'huile et le beurre, ajouter le poireau et le poivron, et faire cuire 1 minute. Ajouter le poulet et faire cuire sans cesser de remuer, jusqu'à ce qu'il soit doré.

2 Ajouter le riz, faire cuire 2 à 3 minutes et ajouter le safran. Saler et poivrer, selon son goût.

3 Mouiller progressivement avec le bouillon, faire cuire à feu doux environ 20 minutes sans cesser de remuer, jusqu'à ce que le riz soit tendre et le bouillon presque entièrement absorbé, en ajoutant du bouillon si le risotto devient sec.

4 Incorporer le maïs, les cacahuètes et le parmesan, rectifier l'assaisonnement et servir chaud.

VALEURS NUTRITIONNELLES

Calories *701* ; glucides *95 g* ; protéines *35 g* ; lipides *26 g* ; acides gras saturés *8 g*

facile
10 minutes
30 minutes

CONSEIL

Le risotto peut se conserver un mois au congélateur, mais il faut le congeler sans le parmesan. Veillez ensuite à bien le réchauffer, pour que le poulet soit bien chaud.

Ajoutez les fines herbes de votre choix à ce gratin, en fonction de ce que vous avez sous la main.

Hachis Parmentier *au* poulet

1 Dans une poêle antiadhésive, faire revenir le poulet, l'oignon et les carottes 5 minutes, en remuant fréquemment.

2 Saupoudrer de farine et laisser mijoter encore 2 minutes.

3 Incorporer progressivement le concentré de tomates et le bouillon, laisser mijoter 15 minutes, et saler et poivrer selon son goût. Ajouter le thym.

4 Transférer la préparation obtenue dans une cocotte allant au four et laisser refroidir.

5 Répartir les pommes de terre sur la préparation, parsemer d'emmental râpé et cuire au four préchauffé, à 200 °C (th. 6-7), 20 minutes, jusqu'à ce que le fromage soit bien doré et gratiné. Servir accompagné de petits pois.

4 PERSONNES

500 g de poulet, haché
1 gros oignon, finement haché
2 carottes, coupées en petits dés
25 g de farine
1 cuil. à soupe de concentré de tomates
300 ml de bouillon de poulet
sel et poivre
1 pincée de thym frais
900 g de pommes de terre, écrasées avec du beurre et du lait, salées et poivrées
85 g d'emmental, râpé
petits pois, en accompagnement

CONSEIL

Vous pouvez remplacer l'emmental par n'importe quel autre fromage utilisé habituellement pour préparer les gratins.

VALEURS NUTRITIONNELLES

Calories *496* ; glucides *62 g* ; protéines *38 g* ; lipides *17 g* ; acides gras saturés *9 g*

difficulté moyenne
25 minutes
45 minutes

Cette recette originale mêle poulet et saucisse, cuits dans un grand plat et nappés de sauce.

Toad in the hole *au* poulet

4 À 6 PERSONNES

125 g de farine
1 pincée de sel
1 œuf, battu
200 ml de lait
90 ml d'eau
2 cuil. à soupe de graisse d'oie
250 g de blanc de poulet, coupé en gros morceaux
250 g de saucisse de Toulouse, coupée en gros morceaux

accompagnement
chou, cuit à la vapeur
sauce à l'oignon

1 Dans une terrine, mélanger la farine et le sel, ménager un puits au centre et ajouter l'œuf battu.

2 Verser la moitié du lait et incorporer lentement à l'aide d'une cuillère en bois.

3 Remuer jusqu'à obtention d'une pâte homogène et ajouter le lait restant et l'eau.

4 Remuer de nouveau jusqu'à obtention d'une pâte homogène et laisser reposer au moins 1 heure.

5 Graisser des moules individuels ou un grand moule avec la graisse d'oie, et répartir le poulet et la saucisse dans les moules individuels ou disposer le tout dans le grand moule.

6 Cuire au four préchauffé, à 220 °C (th. 7-8), 5 minutes, sortir les moules du four et garnir de pâte, sans remplir complètement de façon à ce que la préparation puisse lever.

7 Remettre au four, cuire encore 35 minutes, jusqu'à ce que la pâte ait bien levé et soit dorée, et laisser reposer dans le four fermé au moins 30 minutes.

8 Servir chaud, accompagné de chou et d'une sauce à l'oignon.

VALEURS NUTRITIONNELLES
Calories *470* ; glucides *34 g* ; protéines *28 g* ; lipides *27 g* ; acides gras saturés *12 g*

facile
1 h 15
30 minutes

CONSEIL

Remplacez le blanc de poulet par des cuisses de poulet désossées et sans peau. Vous pouvez aussi remplacer la saucisse de Toulouse par une autre variété de saucisse, chipolata ou fumée.

Pauvre en graisses et riche en fibres, ce plat en sauce coloré, sain et nourrissant est idéal pour un repas hivernal.

Poulet aux haricots *et à* l'orange

1 Enrober les pilons de poulet de farine. Dans une poêle antiadhésive, faire chauffer l'huile, ajouter le poulet et faire revenir à feu assez vif, en remuant fréquemment. Transférer le poulet dans une cocotte allant au four et réserver au chaud.

2 Ajouter les oignons dans la poêle, faire revenir quelques minutes, jusqu'à ce qu'ils soient légèrement dorés, et incorporer l'ail.

3 Ajouter les graines de fenouil, la feuille de laurier, le zeste et le jus d'orange, les tomates et les haricots, et saler et poivrer selon son goût.

4 Bien couvrir et cuire au four préchauffé, à 190 °C (th 6-7), 30 à 35 minutes, jusqu'à ce que le poulet rende un jus clair lorsqu'il est piqué dans sa partie la plus charnue à l'aide d'une brochette.

5 Couper le pain en dés, enrober d'huile et répartir sur la viande. Cuire encore 15 à 20 minutes, jusqu'à ce que le pain soit doré et croustillant, et servir chaud.

CONSEIL

Choisissez des haricots conservés dans l'eau, sans addition de sucre ni de sel. Égouttez-les et rincez-les bien avant utilisation.

4 PERSONNES

8 pilons de poulet, sans la peau
1 cuil. à soupe de farine complète
1 cuil. à soupe d'huile d'olive
2 oignons rouges, coupé en quartiers
1 gousse d'ail, hachée
1 cuil. à café de graines de fenouil
1 feuille de laurier
zeste finement râpé et jus d'une petite orange
400 g de tomates concassées en boîte
400 g de flageolets ou de haricots borlotti en boîte, égouttés
poivre noir
3 tranches épaisses de pain complet
2 cuil. à café d'huile d'olive

VALEURS NUTRITIONNELLES

Calories *345* ; glucides 45 *g* ; protéines *29 g* ; lipides *10 g* ; acides gras saturés *2 g*

difficulté moyenne
10 minutes
1 heure

Voici une recette saine à la délicate saveur orientale. Utilisez de grandes feuilles d'épinards pour enrober le poulet, mais assurez-vous qu'elles soient bien jeunes et tendres.

Écrins de poulet *aux* légumes

4 PERSONNES

4 blancs de poulet, sans la peau
1 cuil. à café de lemon-grass finement haché
sel et poivre
2 oignons verts, finement hachés
250 g de jeunes carottes, en julienne
250 g de jeunes courgettes, en julienne
2 branches de céleri, en julienne
1 cuil. à café de sauce de soja claire
250 g de feuilles d'épinard, rincées et égouttées
2 cuil. à café d'huile de sésame

VALEURS NUTRITIONNELLES
Calories *216* ; glucides *14 g* ; protéines *31 g* ; lipides *7 g* ; acides gras saturés *2 g*

difficile
20 minutes
30 minutes

1 À l'aide d'un couteau tranchant, pratiquer une incision sur le côté de chaque blanc de poulet.

2 Garnir les poches de lemon-grass, saler et poivrer selon son goût et farcir d'oignons verts hachés.

3 Blanchir les légumes dans de l'eau bouillante 1 minute, égoutter soigneusement et mélanger avec la sauce de soja.

4 Garnir les poches de légumes, bien refermer et réserver les légumes restants, si nécessaire.

5 Envelopper hermétiquement les blancs de poulet dans les feuilles d'épinard, en les faisant cuire quelques secondes à la vapeur, jusqu'à ce qu'elles s'attendrissent, si elles sont trop rigides pour se plier facilement.

6 Disposer les écrins dans un panier à étuver et faire cuire 20 à 25 minutes au-dessus d'une eau portée rapidement à ébullition.

7 Faire revenir les légumes réservés et éventuellement les épinards restants, 1 à 2 minutes dans l'huile de sésame, et servir avec le poulet.

Ce poulet au citron aigre-doux se sert aussi bien chaud que froid. Des nouilles au sésame accompagnent à merveille la version chaude.

Poulet grillé au citron *et au* miel

1 À l'aide d'un couteau tranchant, pratiquer des incisions en croisillons sur les deux faces des blancs de poulet, en évitant de les transpercer.

2 Dans une terrine, mélanger le miel, la sauce de soja, le zeste et le jus de citron, et poivrer selon son goût.

3 Disposer le poulet sur une grille, enduire de la moitié de la préparation précédente et passer au gril préchauffé, 10 minutes. Retourner le poulet, enduire de la préparation restante et cuire encore 8 à 10 minutes, jusqu'à ce que le poulet soit bien cuit et tendre. Le poulet doit rendre un jus clair lorsqu'il est piqué dans sa partie la plus charnue à l'aide d'une brochette.

4 Préparer les nouilles selon les indications figurant sur le paquet, égoutter et disposer dans un plat. Incorporer l'huile, les graines de sésame et 1 cuillerée à café de zeste de citron, saler et poivrer selon son goût et réserver au chaud.

5 Servir accompagné de nouilles et garni de ciboulette et de zeste de citron râpé.

4 PERSONNES

4 filets de poulet, de 125 g chacun, sans la peau
2 cuil. à soupe de miel liquide
1 cuil. à soupe de sauce de soja épaisse
1 cuil. à café de zeste de citron finement râpé
1 cuil. à soupe de jus de citron
sel et poivre

accompagnement

225 g de nouilles de riz
2 cuil. à café d'huile de sésame
1 cuil. à soupe de graines de sésame
zeste de citron, finement râpé

garniture

1 cuil. à soupe de ciboulette fraîche hachée
zeste de citron, râpé

VALEURS NUTRITIONNELLES

Calories *248* ; glucides *24 g* ; protéines *30 g* ; lipides *8 g*; acides gras saturés *2 g*

facile
5 minutes
25 minutes

Un karahi est un wok à deux poignées aux usages très variés. On y fait cuire les aliment à feu fort.

Poulet karahi

4 PERSONNES

2 cuil. à soupe de ghee (beurre clarifié)
3 gousses d'ail, hachées
1 oignon, finement émincé
2 cuil. à soupe de garam masala
1 cuil. à café de graines de coriandre en poudre
1/2 cuil. à café de menthe séchée
1 feuille de laurier
750 g de filets de poulet, sans la peau et coupés en dés
200 ml de bouillon de poulet
1 cuil. à soupe de coriandre fraîche hachée
sel
naan ou chapatis chauds, en accompagnement

1 Dans un karahi, un wok ou une poêle, faire chauffer le ghee, ajouter l'ail et l'oignon, et faire revenir à feu vif environ 4 minutes, jusqu'à ce que l'oignon soit doré.

2 Incorporer le garam masala, la coriandre en poudre, la menthe et la feuille de laurier.

3 Ajouter le poulet, faire cuire 5 minutes à feu vif en remuant de temps en temps et mouiller avec le bouillon. Laisser mijoter 10 minutes, jusqu'à ce que la sauce ait épaissi et que le poulet rende un jus clair lorsqu'il est piqué dans sa partie la plus charnue à l'aide d'une brochette.

4 Ajouter la coriandre fraîche, saler selon son goût et bien mélanger. Servir immédiatement avec du naan ou des chapatis chauds.

VALEURS NUTRITIONNELLES

Calories *270* ; glucides *2 g* ; protéines *41 g* ; lipides *11 g*; acides gras saturés *2 g*

facile
15 minutes
20 minutes

CONSEIL

Préchauffez toujours le karahi ou le wok avant d'y verser l'huile afin de maintenir une température élevée.

Voici un plat assez relevé, qui utilise des piments frais. Si vous préférez plus de douceur, divisez la quantité de piment par deux.

Poulet *au* piment

1 Dans une terrine, mettre le poulet, ajouter le sel, le blanc d'œuf, la maïzena et 1 cuillerée à soupe d'huile, et remuer de façon à ce que le poulet soit bien enrobé.

2 Dans un wok préchauffé, faire chauffer l'huile restante, ajouter l'ail et le gingembre, et faire revenir 30 secondes.

3 Ajouter les dés de poulet et faire cuire 2 à 3 minutes, jusqu'à ce qu'ils soient dorés.

4 Incorporer les poivrons, les piments, la sauce de soja, le xérès ou le vin de riz et le vinaigre de vin, faire cuire 2 à 3 minutes, jusqu'à ce que le poulet soit bien cuit, et disposer dans un plat de service. Servir immédiatement.

CONSEIL

Pour parer les piments, mettez des gants en plastique pour éviter que le jus ne vous irrite les mains. Lavez-vous bien les mains avant de vous toucher le visage, particulièrement les yeux et la bouche.

4 PERSONNES

350 g de poulet, sans la peau, désossé et coupé en dés
1/2 cuil. à soupe de sel
1 blanc d'œuf, légèrement battu
2 cuil. à soupe de maïzena
4 cuil. à soupe d'huile
2 gousses d'ail
1 morceau de gingembre frais de 1,5 cm, râpé
1 poivron rouge, épépiné et coupé en dés
1 poivron vert, épépiné et coupé en dés
2 piments rouges, hachés
2 cuil. à soupe de sauce de soja claire
1 cuil. à soupe de xérès ou de vin de riz
1 cuil. à soupe de vinaigre de vin

VALEURS NUTRITIONNELLES

Calories *265* ; glucides *14 g* ; protéines *21 g* ; lipides *14 g* ; acides gras saturés *2 g*

facile
10 minutes
10 minutes

Plats en sauce *et* rôtis

Une cuisson longue et lente permet d'obtenir une viande savoureuse et fondante. Le poulet n'ayant pas un goût très prononcé, on peut l'associer à tous les ingrédients, aromates et épices. Les recettes de ce chapitre sont originaires des pays les plus divers – Antilles, États-Unis, France, Hongrie et Italie, notamment. Parmi les spécialités françaises, citons le poulet au vin blanc et le poulet à la bretonne.

L'odeur d'un poulet qui rôtit fait toujours monter l'eau à la bouche, et ce chapitre contient la recette du traditionnel poulet rôti, accompagné de sa garniture habituelle. D'autres recettes, plus originales, proposent des farces à la courgette et au citron vert, à la confiture d'oranges, ou encore aux flocons d'avoine et aux aromates. Les goûts complémentaires du poulet et des fruits sont également mis à profit dans ce chapitre ; vous trouverez ainsi des associations délicieuses avec des fruits très divers comme la groseille, la merise, la pomme, la pêche, l'orange et la mangue.

Fines herbes, fruits, noix et légumes sont combinés dans un plat appétissant et riche en saveur.

Poulet aux amandes *et au* raisin

4 À 6 PERSONNES

3 cuil. à soupe d'huile d'olive
900 g de blanc de poulet, émincé
10 échalotes ou oignons grelots
3 carottes, coupées en morceaux
60 g de marrons, coupés en rondelles
60 g d'amandes effilées, grillées
1 cuil. à café de noix muscade fraîchement râpée
3 cuil. à café de cannelle en poudre
300 ml de vin blanc
300 ml de bouillon de poulet
175 ml de vinaigre de vin blanc
1 cuil. à soupe d'estragon frais haché
1 cuil. à soupe de persil plat frais haché
1 cuil. à soupe de thym frais haché
zeste râpé d'une orange
1 cuil. à soupe de sucre roux
125 g de grains de raisin noir, épépinés et coupés en deux
sel de mer et poivre
fines herbes fraîches, en garniture
riz sauvage ou purée de pommes de terre, en accompagnement

VALEURS NUTRITIONNELLES

Calories *385* ; glucides *33 g* ; protéines *37 g* ; lipides *15 g* ; acides gras saturés *2 g*

facile
15 minutes
2 h 15

1 Dans une cocotte, faire chauffer l'huile d'olive, ajouter le poulet, les échalotes et les carottes, et faire revenir environ 6 minutes, jusqu'à ce que le tout ait doré.

2 Ajouter les ingrédients restants, à l'exception du raisin, et laisser mijoter 2 heures à feu doux, en remuant de temps en temps jusqu'à ce que la viande soit bien tendre.

3 Ajouter le raisin, garnir de fines herbes et servir accompagné de riz sauvage ou de purée de pommes de terre.

CONSEIL

Ce plat sera encore meilleur servi avec des tranches épaisses de pain complet frais, avec lesquelles vous pourrez saucer.

Il existe de nombreuses variantes de cette recette. La variété des ingrédients disponibles toute l'année vous permettront de vous renouveler.

Poulet *aux* pommes de terre

1 Retirer éventuellement la peau du poulet.

2 Disposer une couche de rondelles de pommes de terre dans une cocotte, saler et poivrer selon son goût, et ajouter le thym, le romarin et les feuilles de laurier.

3 Ajouter le poulet, parsemer de lard, d'oignons et de carottes, et bien saler et poivrer. Couvrir avec les pommes de terre restantes, de façon à ce qu'elles se chevauchent légèrement.

4 Arroser de bière, enduire les pommes de terre de beurre fondu et couvrir.

5 Cuire au four préchauffé, à 150 °C (th. 5), environ 2 heures, en faisant cuire à découvert les 30 dernières minutes de façon à ce que les pommes de terre dorent, et servir chaud.

4 PERSONNES

4 morceaux de poulet
6 pommes de terre, coupées en rondelles de 5 mm d'épaisseur
sel et poivre
2 brins de thym frais
2 brins de romarin frais
2 feuilles de laurier
200 g de lard fumé, découenné et coupé en dés
1 gros oignon, finement haché
200 g de carottes, coupées en rondelles
150 ml de bière brune
25 g de beurre, fondu

CONSEIL

Ce plat est aussi très bon avec de la viande d'agneau coupée en gros morceaux. Vous pouvez ajouter différents légumes, selon la saison – pour une saveur plus douce, essayez les poireaux et les rutabagas.

VALEURS NUTRITIONNELLES

Calories *499* ; glucides *50 g* ; protéines *43 g*; lipides *17 g* ; acides gras saturés *8 g*

difficulté moyenne
15 minutes
2 heures

L'ajout de jus et de zeste de citron vert rehausse la saveur de ce plat, tandis que le poivron ajoute une touche de couleur.

Poulet *à la* sauce *au* citron vert

4 PERSONNES

1 poulet d'environ 900 g, coupé en morceaux
55 g de farine, assaisonnée
2 cuil. à soupe d'huile
500 g d'oignons grelots ou d'échalotes, émincés
1 poivron vert et 1 poivron rouge, épépinés et coupés en fines lanières
150 ml de bouillon de poulet
jus et zeste de 2 citrons verts
2 piments frais, hachés
2 cuil. à soupe de sauce d'huître
1 cuil. à café de sauce Worcester
sel et poivre

1 Enrober les morceaux de poulet de farine. Dans une poêle, faire chauffer l'huile, ajouter le poulet et faire revenir environ 4 minutes, jusqu'à ce qu'il soit doré.

2 À l'aide d'une écumoire, transférer le poulet dans une cocotte, parsemer d'oignons et réserver au chaud.

3 Ajouter les poivrons dans la poêle et faire cuire à feu doux.

4 Mouiller avec le bouillon, ajouter le jus et le zeste de citron, et faire cuire encore 5 minutes.

5 Ajouter les piments, la sauce d'huître et la sauce Worcester, et saler et poivrer selon son goût.

6 Répartir les poivrons et le jus de cuisson sur le poulet et les oignons, et couvrir avec un couvercle ou du papier d'aluminium.

7 Cuire au four préchauffé en disposant la cocotte à mi-hauteur, à 190 °C (th. 6-7), 1 h 30, jusqu'à ce que le poulet soit bien tendre, et servir immédiatement.

VALEURS NUTRITIONNELLES

Calories *235* ; glucides *29 g* ; protéines *20 g* ; lipides *6 g* ; acides gras saturés *1 g*

difficulté moyenne
15 minutes
1 h 45

CONSEIL

Vous pouvez ajouter une croûte à ce plat : 30 minutes environ avant la fin de la cuisson, garnissez-le de ronds découpés dans de la pâte de scones au fromage.

Voici un plat typiquement français. Utilisez un vin de bonne qualité pour préparer ce ragoût.

Poulet *au* vin blanc

1 Dans une cocotte allant au four, faire chauffer l'huile, ajouter le poulet et faire revenir jusqu'à ce qu'il soit bien doré. Retirer de la cocotte à l'aide d'une écumoire.

2 Ajouter les champignons, le lard, les échalotes et l'ail, et faire cuire 4 minutes.

3 Remettre le poulet dans la cocotte, saupoudrer de farine et faire cuire encore 2 minutes, sans cesser de remuer.

4 Mouiller avec le bourgogne et le bouillon de poulet, porter à ébullition sans cesser de remuer et ajouter le bouquet garni. Saler et poivrer selon son goût.

5 Couvrir la cocotte, cuire four préchauffé en disposant la cocotte à mi-hauteur, à 150 °C (th. 5), 1 h 30, et retirer le bouquet garni.

6 Faire frire 8 gros croûtons en forme de cœur dans de la graisse d'oie et servir avec des légumes cuits.

4 À 6 PERSONNES

4 cuil. à soupe d'huile de tournesol
900 g de poulet, coupé en dés
250 g de champignons de Paris
125 g de lard fumé, découenné et coupé en dés
16 échalotes
2 gousses d'ail, hachées
1 cuil. à soupe de farine
150 ml de bourgogne blanc
150 ml de bouillon de poulet
1 bouquet garni avec de la sauge et une branche de céleri
sel et poivre

accompagnement

croûtons frits
graisse d'oie
légumes cuits

CONSEIL

Un vin rouge de bonne qualité peut remplacer le vin blanc. Il donnera une sauce riche, d'un beau rouge sombre.

VALEURS NUTRITIONNELLES

Calories *476* ; glucides *11 g* ; protéines *58 g* ; lipides *21 g* ; acides gras saturés *5 g*

difficulté moyenne
15 minutes
1 h 30

Ce plat au four économique fait office de repas complet – le pain aux fines herbes qui l'accompagne vous permettra de saucer et vous évite de préparer des pommes de terre ou du riz en garniture.

Poulet *aux* haricots rouges

4 PERSONNES

2 cuil. à soupe d'huile de tournesol
4 morceaux de poulet
16 petits oignons entiers, épluchés
3 branches de céleri, émincées
400 g de haricots rouges en boîte
4 tomates moyennes, coupées en quartiers
200 ml de cidre brut ou de bouillon
4 cuil. à soupe de persil frais haché
sel et poivre
1 cuil. à café de paprika
55 g de beurre
12 tranches de pain

1 Dans une cocotte allant au four, faire chauffer l'huile, ajouter le poulet et faire revenir, jusqu'à ce qu'il soit doré. Retirer le poulet de la cocotte à l'aide d'une écumoire et réserver.

2 Ajouter les oignons, faire revenir en remuant de temps en temps, jusqu'à ce qu'ils soient bien dorés, et ajouter le céleri. Faire revenir 2 à 3 minutes, remettre le poulet et incorporer les haricots, les tomates, le cidre et la moitié du persil. Saler et poivrer selon son goût et saupoudrer de paprika.

3 Couvrir et cuire au four préchauffé, à 200 °C (th. 6-7), 20 à 25 minutes, jusqu'à ce que le poulet rende un jus clair lorsqu'il est piqué dans sa partie la plus charnue à l'aide d'une brochette.

4 Mélanger le persil restant avec le beurre et étaler uniformément sur le pain.

5 Découvrir la cocotte, répartir les tranches de pain de sorte qu'elles se chevauchent, et faire cuire encore 10 à 12 minutes, jusqu'à ce que le pain soit doré et croustillant.

VALEURS NUTRITIONNELLES

Calories *736* ; glucides *66 g* ; protéines *50 g* ; lipides *35 g* ; acides gras saturés *13 g*

facile
15 minutes
1 heure

CONSEIL

Pour donner à ce plat un goût italien, remplacez le pain beurré par des toasts au pistou.

Ce plat d'origine hongroise, traditionnellement à base de bœuf, est un délice préparé avec du poulet. Utilisez de la crème aigre allégée pour réduire la teneur en matières grasses.

Goulasch *au* poulet

1 Enrober le poulet de farine.

2 Dans une cocotte allant au four, faire chauffer l'huile et le beurre, ajouter l'oignon, les échalotes et les poivrons, et faire revenir 3 minutes.

3 Ajouter le poulet, faire cuire encore 4 minutes et parsemer de paprika et de romarin.

4 Ajouter le concentré de tomates, le bouillon, le bordeaux et les tomates concassées, couvrir et cuire au four préchauffé en disposant la cocotte à mi-hauteur, 165 °C (th. 5-6), 1 h 30.

5 Sortir la cocotte du four, laisser reposer 4 minutes et ajouter la crème aigre. Garnir de persil.

6 Servir accompagné de petits pains et de salade.

6 PERSONNES

900 g de poulet, coupé en dés
60 g de farine, assaisonnée avec 1 cuil. à café de paprika, du sel et du poivre
2 cuil. à soupe d'huile d'olive
25 g de beurre
1 oignon, émincé
24 échalotes, épluchées
1 poivron rouge et 1 poivron vert, épépinés et coupés en dés
1 cuil. à soupe de paprika
1 cuil. à café de romarin séché
4 cuil. à soupe de concentré de tomates
300 ml de bouillon de poulet
150 ml de bordeaux rouge
400 g de tomates concassées en boîte
150 ml de crème aigre
1 cuil. à soupe de persil frais haché, en garniture

accompagnement
petits pains
mesclun

VALEURS NUTRITIONNELLES
Calories *509* ; glucides *38 g* ; protéines *46 g* ; lipides *32 g* ; acides gras saturés *10 g*

difficulté moyenne
20 minutes
1 h 45

CONSEIL

Vous pouvez remplacer le pain par des pâtes au beurre. Un vin rouge hongrois à la place du bordeaux donnera à ce plat une note plus authentique.

Les légumes de cette recette sont nourrissants et bon marché. Combinés au poulet, ils font de ce délicieux ragoût un plat économique.

Fricassée de poulet *et ses* boulettes

4 PERSONNES

4 morceaux de poulet
2 cuil. à soupe d'huile de tournesol
2 poireaux, émincés
250 g de carottes, coupées en morceaux
250 g de panais, coupés en morceaux
2 petits navets, coupés en morceaux
600 ml de bouillon de poulet
3 cuil. à soupe de sauce Worcester
2 brins de romarin frais
sel et poivre

boulettes
200 g de farine levante
100 g de saindoux
1 cuil. à soupe de romarin hachées
eau

1 Retirer éventuellement la peau du poulet. Dans une cocotte, faire chauffer l'huile, ajouter le poulet et faire revenir jusqu'à ce qu'il soit doré. Retirer le poulet à l'aide d'une écumoire et ôter l'excédent de graisse.

2 Ajouter les poireaux, les carottes, les panais et les navets, faire cuire 5 minutes, jusqu'à ce qu'ils soient légèrement dorés, et remettre le poulet dans la cocotte.

3 Mouiller avec le bouillon, ajouter la sauce Worcester, le romarin, et saler et poivrer selon son goût. Porter à ébullition.

4 Réduire le feu, couvrir et laisser mijoter environ 50 minutes, jusqu'à ce que le poulet rende un jus clair lorsqu'il est piqué dans sa partie la plus charnue à l'aide d'une brochette.

5 Pour les boulettes, mélanger la farine, le saindoux et le romarin avec du sel et du poivre, et incorporer juste assez d'eau froide pour obtenir une pâte ferme.

6 Façonner 8 boulettes, répartir sur le poulet et les légumes, et couvrir. Laisser mijoter encore 10 à 12 minutes, jusqu'à ce que les boulettes aient bien levé et servir dans la cocotte.

VALEURS NUTRITIONNELLES
Calories *773* ; glucides *73 g* ; protéines *46 g* ; lipides *41 g* ; acides gras saturés *15 g*

difficulté moyenne
25 minutes
1 h 30

Cette recette doit son petit goût oriental à l'huile de sésame et au gingembre.

Poulet à l'orientale *au* gingembre

1 Dans une poêle, faire chauffer l'huile, enrober le poulet de farine et ajouter dans la poêle. Faire revenir environ 4 minutes, jusqu'à ce qu'il soit bien doré, transférer dans une cocotte et réserver au chaud.

2 Ajouter les échalotes et les champignons, et faire revenir à feu doux.

3 Mouiller avec le bouillon, ajouter la sauce Worcester, le miel et le gingembre, et saler et poivrer selon son goût.

4 Verser la préparation obtenue sur le poulet et couvrir la cocotte avec un couvercle ou du papier d'aluminium.

5 Cuire au four préchauffé en disposant la cocotte à mi-hauteur, à 150 °C (th. 5), 1 h 30, jusqu'à ce que la viande soit bien tendre, ajouter le yaourt et faire cuire encore 10 minutes. Garnir de persil frais et servir accompagné d'un mélange de riz sauvage et de riz blanc.

6 À 8 PERSONNES

6 cuil. à soupe d'huile de sésame
900 g de poulet, coupé en bouchées
55 g de farine, assaisonnée
32 échalotes, émincées
500 g de champignons sauvages, grossièrement concassés
300 ml de bouillon de poulet
2 cuil. à soupe de sauce Worcester
1 cuil. à soupe de miel
2 cuil. à soupe de gingembre râpé
sel et poivre
150 ml de yaourt nature
brins de persil plat frais, en garniture
riz sauvage et blanc, en accompagnement

VALEURS NUTRITIONNELLES

Calories *277* ; glucides *23 g* ; protéines *28 g* ; lipides *11 g* ; acides gras saturés *2 g*

difficulté moyenne
15 minutes
1 h 50

CONSEIL

Les champignons peuvent se garder de 24 à 36 heures au réfrigérateur. Mettez-les dans des sacs en papier car ils « suent » dans le plastique. Il est inutile de les peler, mais les champignons sauvages doivent être lavés très soigneusement.

Voici une délicieuse manière d'accommoder les pilons et les ailes de poulet. Ce ragoût nourrissant, relevé par une note subtile et chaude de gingembre, est parfait pour une soirée d'Halloween.

Poulet *à la* jamaïcaine

4 PERSONNES

- 2 cuil. à café d'huile de tournesol
- 4 pilons de poulet
- 4 hauts de cuisse de poulet
- 1 oignon, finement émincé
- 750 g de courge ou de potiron, coupés en dés
- 1 poivron vert, épépiné et coupé en lanières
- 1 morceau de gingembre frais de 2,5 cm, finement émincé
- 400 g de tomates concassées en boîte
- 44 g de lentilles blondes
- 300 ml de bouillon de poulet
- sel d'ail
- poivre de Cayenne
- 350 g de maïs en boîte, égoutté
- pain frais, en accompagnement

1 Dans une cocotte allant au four, faire chauffer l'huile, ajouter les morceaux de poulet et faire revenir en remuant fréquemment, jusqu'à ce qu'ils soient dorés.

2 Ôter l'excédent de graisse de la cocotte, ajouter l'oignon, la courge, et le poivron, et faire revenir à feu doux, jusqu'à ce que les légumes soient légèrement dorés. Ajouter le gingembre, les tomates et les lentilles, mouiller avec le bouillon et assaisonner légèrement avec du sel d'ail et du poivre de Cayenne.

3 Couvrir la cocotte et cuire au four préchauffé, à 195 °C (th. 6-7), 1 heure, jusqu'à ce que les légumes soient tendres et que le poulet rende un jus clair lorsqu'il est piqué dans sa partie la plus charnue à l'aide d'une brochette.

4 Ajouter le maïs, faire cuire 5 minutes et saler et poivrer selon son goût. Servir accompagné de pain frais.

VALEURS NUTRITIONNELLES

Calories *277* ; glucides 28 *g* ; protéines *33 g*; lipides *7 g* ; acides gras saturés *1 g*

facile

10 minutes

1 h 15

CONSEIL

Vous pouvez remplacer la courge ou le potiron par des rutabagas.

Pour cette recette, gagnez du temps en utilisant des haricots en boîte, comme les borlotti ou les cannellini, qui conviennent tous deux parfaitement.

Poulet aux haricots *et à* l'ail

1 Dans une cocotte allant au four, faire chauffer l'huile, ajouter le poulet et faire revenir jusqu'à ce qu'il soit doré. Retirer de la poêle à l'aide d'une écumoire et réserver.

2 Ajouter les champignons, les échalotes et l'ail, et faire cuire 4 minutes.

3 Remettre le poulet dans la cocotte, saupoudrer de farine et faire cuire encore 2 minutes.

4 Mouiller avec le vin blanc et le bouillon, porter à ébullition sans cesser de remuer et ajouter le bouquet garni. Saler et poivrer selon son goût.

5 Ajouter les haricots dans la cocotte.

6 Couvrir, cuire au four préchauffé en disposant la cocotte à mi-hauteur, à 150 °C (th. 5), 2 heures, et retirer le bouquet garni. Servir accompagné de courges cuites à la vapeur.

4 PERSONNES

4 cuil. à soupe d'huile de tournesol
900 g de poulet, coupé en dés
250 g de champignons, émincés
16 échalotes
6 gousses d'ail, hachées
1 cuil. à soupe de farine
250 ml de vin blanc
250 ml de bouillon de poulet
1 bouquet garni avec de la sauge
et une branche de céleri
sel et poivre
400 g de haricots borlotti en boîte, égouttés
courges cuites à la vapeur,
en accompagnement

VALEURS NUTRITIONNELLES

Calories *550* ; glucides *28 g* ; protéines *60 g* ; lipides *19 g* ; acides gras saturés *4 g*

facile
10 minutes
2 h 15

CONSEIL

Les champignons sont parfaits pour les régimes pauvres en matières grasses car ils n'en contiennent pas et ont beaucoup de goût. Essayez les nombreuses variétés que l'on trouve dans le commerce.

Voici une recette de grand-mère qui cuit longtemps pour vous réchauffer les jours d'hiver. Des toasts au fromage seront parfaits pour saucer mais vous pouvez préparer des pommes de terre en robe des champs.

Poulet *à la* bière

4 À 6 PERSONNES

4 gros hauts de cuisse de poulet, sans la peau
2 cuil. à soupe de farine
3 cuil. à soupe de moutarde en poudre
2 cuil. à soupe d'huile de tournesol
15 g de beurre
4 petits oignons, coupés en quartiers
600 ml de bière
2 cuil. à soupe de sauce Worcester
3 cuil. à soupe de sauge fraîche hachées
sel et poivre

accompagnement

haricots verts
pommes de terre nouvelles

toasts au fromage

55 g de cheddar bien fait, râpé
1 cuil. à soupe de moutarde en poudre
1 cuil. à café de farine
1 cuil. à café de sauce Worcester
1 cuil. à soupe de bière
2 tranches de pain de mie complet

VALEURS NUTRITIONNELLES

Calories *476* ; glucides *71 g* ; protéines *56 g* ; lipides 16 *g* ; acides gras saturés *5 g*

difficulté moyenne
25 minutes
1 h 45

1 Enrober le poulet de farine et de moutarde en poudre. Dans une cocotte, faire chauffer l'huile et le beurre, ajouter le poulet et faire revenir à feu assez vif en remuant de temps en temps, jusqu'à ce qu'il soit doré. Retirer le poulet de la cocotte à l'aide d'une écumoire et réserver au chaud.

2 Ajouter les oignons, faire revenir jusqu'à ce qu'ils soient dorés et ajouter le poulet, la bière et la sauce Worcester. Saler et poivrer selon son goût, porter à ébullition et couvrir. Laisser mijoter à feu doux environ 1 h 30, jusqu'à ce que le poulet soit bien tendre.

3 Pour les toasts au fromage, mélanger le fromage, la moutarde en poudre, la farine, la sauce Worcester et la bière, étaler la préparation obtenue sur le pain et passer au gril chaud environ 1 minute, jusqu'à ce que les toasts soient gratinés. Couper les toasts en triangle.

4 Ajouter les feuilles de sauge dans la cocotte, porter à ébullition et servir accompagné de toasts au fromage, de haricots verts et de pommes de terre nouvelles.

CONSEIL

Vous pouvez remplacer la sauge fraîche par 2 cuillerées à café de sauge séchée.

Voici un plat idéal pour faire un bon repas nourrissant. Comme il met longtemps à cuire, préparez-en le double et congelez la moitié pour la manger plus tard.

Poulet *à la* bretonne

1 Faire cuire les haricots dans de l'eau bouillante salée environ 25 minutes.

2 Dans une cocotte allant au four, faire chauffer le beurre et l'huile, ajouter le lard et le poulet, et faire cuire 5 minutes.

3 Saupoudrer de farine, mouiller avec le cidre et le bouillon, sans cesser de remuer de façon à éviter la formation de grumeaux, et saler et poivrer selon son goût. Porter à ébullition.

4 Ajouter les haricots, bien couvrir la cocotte avec un couvercle ou du papier d'aluminium et cuire au four préchauffé en disposant la cocotte à mi-hauteur, à 165 °C (th. 5-6), 1 h 45.

5 Sortir la cocotte du four et découvrir.

6 Dans une poêle, faire cuire les échalotes et le miel 5 minutes à feu doux, en remuant fréquemment.

7 Mettre les échalotes et les betteraves dans la cocotte. Remettre au four et cuire encore 15 minutes.

CONSEIL

Pour gagner du temps, utilisez des flageolets en boîte. Égouttez-les et rincez-les avant de les mettre dans la cocotte.

6 PERSONNES

500 g de flageolets ou d'autres haricots, mis à tremper la veille et égouttés
25 g de beurre
2 cuil. à soupe d'huile d'olive
3 tranches de lard, découennées et hachées
900 g de morceaux de poulet
1 cuil. à soupe de farine
300 ml de cidre
150 ml de bouillon de poulet
sel et poivre
14 échalotes
2 cuil. à soupe de miel, chaud
250 g de betteraves cuites

VALEURS NUTRITIONNELLES

Calories *529* ; glucides *71 g* ; protéines *56 g* ; lipides *16 g* ; acides gras saturés *5 g*

difficulté moyenne
24 h 15
3 h 15

Voici un ragoût coloré, aux saveurs ensoleillées de la Méditerranée. Les tomates séchées au soleil apportent une merveilleuse richesse et il vous en faudra peu pour faire de ce plat un festin.

Poulet *à la* méditerranéenne

4 PERSONNES

- 8 hauts de cuisse de poulet
- 1 oignon rouge, émincé
- 2 gousses d'ail, hachées
- 1 gros poivron rouge, épépiné et coupé en épaisses lanières
- zeste et jus d'une petite orange
- 400 g de tomates concassées en boîte
- 25 g de tomates séchées, coupées en fines lanières
- 125 ml de bouillon de poulet
- 1 cuil. à soupe de thym frais haché
- 50 g d'olives noires, dénoyautées
- sel et poivre
- pain frais, en accompagnement

garniture

- zeste d'orange
- brins de thym

1 Dans une poêle antiadhésive, faire revenir le poulet à feu assez vif, en remuant de temps en temps, jusqu'à ce qu'il soit bien doré. Transférer le poulet dans une cocotte à l'aide d'une écumoire.

2 Ajouter l'oignon, l'ail et le poivron dans la poêle, faire revenir 3 à 4 minutes à feu doux et transférer dans la cocotte.

3 Ajouter le zeste et le jus d'orange, les tomates concassées et les tomates séchées, mouiller avec le bouillon et bien mélanger.

4 Porter à ébullition, couvrir et laisser mijoter 1 heure à feu très doux, en remuant de temps en temps. Ajouter le thym et les olives, et saler et poivrer selon son goût.

5 Parsemer de zeste d'orange et de thym, et servir accompagné de pain frais.

VALEURS NUTRITIONNELLES

Calories *260* ; glucides *16 g* ; protéines *32 g* ; lipides *11 g* ; acides gras saturés *2 g*

difficulté moyenne

15 minutes

1 h 15

CONSEIL

Les tomates séchées ont une texture dense et un goût très concentré. Elles donnent beaucoup de saveur aux fricassées.

Le madère est un vin capiteux qui peut s'utiliser dans les plats doux ou plus relevés. Dans cette recette, il donne richesse et saveur.

Poulet *au* madère

1 Dans une poêle, faire chauffer le beurre, ajouter les oignons, les carottes, le lard et les champignons, et faire revenir 3 minutes, en remuant fréquemment. Transférer dans une cocotte.

2 Ajouter le poulet dans la poêle, faire revenir jusqu'à ce qu'il soit bien doré et ajouter dans la cocotte avec les légumes et le lard.

3 Mouiller avec le vin blanc et faire cuire jusqu'à ce qu'il réduise.

4 Saupoudrer de farine assaisonnée sans cesser de remuer, de façon à éviter la formation de grumeaux.

5 Mouiller avec le bouillon, ajouter le bouquet garni et saler et poivrer selon son goût. Couvrir, faire cuire 2 heures en ajoutant le madère environ 30 minutes avant la fin de la cuisson, et laisser cuire à découvert.

6 Découper le poulet et servir accompagné de purée de pommes de terre ou de pâtes.

8 PERSONNES

25 g de beurre
20 oignons grelots
250 g de carottes, coupées en rondelles
250 g de lard, haché
250 g de champignons de Paris
1 poulet d'environ 1,5 kg
450 ml de vin blanc
25 g de farine, assaisonnée
450 ml de bouillon de poulet
bouquet garni, frais ou séché
sel et poivre
150 ml de madère
purée de pommes de terre ou pâtes, en accompagnement

VALEURS NUTRITIONNELLES

Calories *594* ; glucides *26 g* ; protéines *77 g* ; lipides *25 g* ; acides gras saturés *9 g*

difficulté moyenne
25 minutes
2 h 40

CONSEIL

Vous pouvez ajouter l'assortiment d'aromates de votre choix. Si vous utilisez du cerfeuil, cependant, ne le mettez qu'en fin de cuisson, pour que son goût délicat soit préservé. Le persil et l'estragon se marient eux aussi très bien avec le poulet.

Si vous avez le temps, il est préférable de désosser complètement le poulet, ou d'utiliser uniquement du blanc.

Poulet *à la* californienne

6 PERSONNES

175 g de farine
1 cuil. à café de paprika
1 cuil. à café de persillade séchée
1 cuil. à café d'estragon séché
1 cuil. à café de romarin séché
1 pincée de sel
2 œufs, battus
120 ml de lait
1 poulet d'environ 1,8 kg, découpé
farine, assaisonnée
150 ml d'huile de colza
2 bananes, coupées en gros morceaux
1 pomme à couteau, coupée en rondelles
350 g de maïs et de poivrons en boîte, égouttés
mesclun, en accompagnement

VALEURS NUTRITIONNELLES
Calories *623* ; glucides *54 g* ; protéines *45 g* ; lipides *32 g* ; acides gras saturés *4 g*

difficulté moyenne
30 minutes
55 minutes

1 Dans une terrine, mélanger la farine, le paprika, la persillade, l'estragon, le romarin et le sel, ménager un puits au centre et ajouter les œufs.

2 Incorporer progressivement le lait, en battant jusqu'à obtention d'une préparation homogène.

3 Enrober le poulet de farine et tremper dans la préparation précédente.

4 Dans une poêle, faire chauffer l'huile, ajouter le poulet et faire revenir 3 minutes, jusqu'à ce qu'il soit légèrement doré. Retirer de la poêle à l'aide d'une écumoire et transférer sur une plaque de four antiadhésive.

5 Tremper les bananes et les pommes dans la préparation, faire revenir 2 minutes dans la poêle et retirer à l'aide d'une écumoire. Mélanger le maïs et le poivron à la préparation restante.

6 Verser des cuillerées de la préparation obtenue dans la poêle, de façon à obtenir des galettes, faire cuire 4 minutes de chaque côté et réserver au chaud avec les pommes et les bananes.

7 Cuire le poulet au four préchauffé, à 200 °C (th. 6-7), environ 25 minutes, jusqu'à ce qu'il soit tendre et doré.

8 Disposer le poulet, les galettes et les beignets dans des assiettes et servir accompagné de mesclun.

Le lard rehausse la saveur de ce plat. Si vous ne trouvez pas de petits pois frais, les petits pois surgelés feront aussi bien l'affaire.

Poulet *aux* petits oignons *et* petits pois

1 Dans une poêle, faire fondre le beurre, ajouter le lard et les oignons, et faire revenir 3 minutes à feu doux, jusqu'à ce qu'ils soient légèrement dorés.

2 Retirer le lard et les oignons, et réserver. Ajouter le poulet dans la poêle, faire revenir jusqu'à ce qu'il soit doré et transférer dans une cocotte allant au four.

3 Ajouter la farine dans la poêle, faire cuire sans cesser de remuer jusqu'à ce qu'elle commence à roussir et mouiller progressivement avec le bouillon.

4 Cuire le poulet avec la sauce et le bouquet garni au four préchauffé, à 200 °C (th. 6-7), 35 minutes.

5 Retirer le bouquet garni environ 10 minutes avant la fin de la cuisson, ajouter les petits pois, le lard et les oignons, et mélanger. Saler et poivrer selon son goût.

6 Disposer le poulet dans un plat, garnir de lard, de petits pois et d'oignons, et servir.

4 PERSONNES

55 g de beurre
250 g de lard gras, coupé en dés
16 petits oignons ou échalotes, pelées
1 kg de morceaux de poulet, désossés
25 g de farine
600 ml de bouillon de poulet
bouquet garni, frais ou déshydraté
500 g de petits pois frais
sel et poivre

VALEURS NUTRITIONNELLES
Calories *594* ; glucides *26 g* ; protéines *77 g* ; lipides *25 g* ; acides gras saturés *9 g*

difficulté moyenne
15 minutes
1 h 10

La farce riche et parfumée est cuite sous la peau du poulet pour conserver sa saveur ainsi que le moelleux de la viande pendant la cuisson.

Poulet *aux* pommes

6 PERSONNES

1 poulet d'environ 1,8 kg
huile, pour graisser
15 g de beurre
1 cuil. à soupe de gelée de groseilles
légumes, en accompagnement

farce

15 g de beurre
1 petit oignon, finement haché
55 g de champignons, finement haché
55 g de jambon fumé, finement haché
25 g de chapelure fraîche
1 cuil. à soupe de persil frais haché
3 pommes à couteau
1 cuil. à soupe de jus de citron
sel et poivre

1 Pour la farce, faire fondre le beurre dans une poêle, ajouter l'oignon et faire cuire à feu doux, jusqu'à ce qu'il soit tendre sans être doré. Ajouter les champignons, faire cuire 2 à 3 minutes et retirer du feu. Incorporer le jambon, la chapelure et le persil.

2 Évider la pomme en laissant la peau, râper grossièrement et ajouter à la farce avec le jus de citron. Saler et poivrer selon son goût.

3 Soulever la peau des blancs du poulet, glisser délicatement la farce dessous et égaliser la surface avec les mains.

4 Mettre le poulet dans un plat allant au four et enduire légèrement d'huile.

5 Cuire au four préchauffé, à 195 °C (th. 6-7), en comptant 25 minutes pour 500 g et 25 minutes supplémentaires, jusqu'à ce que le poulet rende un jus clair lorsqu'il est piqué dans sa partie la plus charnue à l'aide d'une brochette. Couvrir de papier d'aluminium si les blancs dorent trop vite.

6 Évider les pommes restantes, les couper en tranches et les faire revenir dans le beurre. Incorporer la gelée de groseilles, faire chauffer jusqu'à ce qu'elle ait fondu et garnir le poulet avec les tranches de pommes. Servir accompagné d'un assortiment de légumes.

VALEURS NUTRITIONNELLES
Calories *219* ; glucides *16 g* ; protéines *29 g* ; lipides *8 g* ; acides gras saturés *4 g*

difficulté moyenne
15 minutes
2 h 15

Dans cette recette, le poulet est enrobé de marinade pour être ensuite grillé. Servez-le avec des pommes de terre nouvelles et de la salade.

Poulet rôti à l'ail *et à la* coriandre

1 Mixer la coriandre, l'ail, le sel, le poivre, le jus de citron et l'huile d'olive dans un robot de cuisine, ou écraser le tout dans un mortier à l'aide d'un pilon, et mettre au réfrigérateur 4 heures de sorte que les saveurs s'exhalent.

2 Mettre le poulet dans un plat allant au four et enduire généreusement avec la préparation précédente.

3 Saupoudrer de poivre et cuire au four préchauffé en disposant sur la grille inférieure, à 195 °C (th. 6-7), 1 h 30, en arrosant toutes les demi-heures avec le jus. Couvrir de papier d'aluminium si le poulet dore trop vite. Garnir de persil et servir accompagné de pommes de terre et de carottes.

4 À 6 PERSONNES

3 brins de coriandre fraîche, hachés
4 gousses d'ail
½ cuil. à café de sel
1 cuil. à café de poivre
4 cuil. à soupe de jus de citron
4 cuil. à soupe d'huile d'olive
1 gros poulet, d'environ 2,25 kg
brins de persil frais, en garniture

garniture

pommes de terre nouvelles
carottes en julienne

CONSEIL

Pour mixer de petites quantités, mieux vaut utiliser un mortier et un pilon. Cela réduit la quantité de préparation inutilisée.

VALEURS NUTRITIONNELLES

Calories *404* ; glucides *1 g* ; protéines *47 g* ; lipides *24 g* ; acides gras saturés *5 g*

difficulté moyenne

4 h 10

1 h 30

Le poulet se marie à merveille avec la plupart des fines herbes. Cette association d'aromates est un partenaire idéal de la féta et d'une sauce tomate riche.

Poulet *à la* féta *et aux* aromates

4 PERSONNES

8 hauts de cuisse de poulet, désossés et sans la peau
2 cuil. à soupe de thym frais haché
2 cuil. à soupe de romarin frais haché
2 cuil. à soupe d'origan frais haché
125 g de féta, coupé en 8 bâtonnets
sel et poivre
1 cuil. à soupe de lait
2 cuil. à soupe de farine
brins de thym, de romarin et d'origan, en garniture
pois mange-tout, en accompagnement

sauce tomate

1 oignon, grossièrement haché
1 gousse d'ail, hachée
1 cuil. à soupe d'huile d'olive
4 olivettes, coupées en quartiers
1 brin de thym, de romarin et d'origan

1 Disposer les hauts de cuisse sur une planche, côté lisse vers le bas.

2 Répartir les aromates sur les morceaux de poulet, disposer un bâtonnet de féta au centre, et saler et poivrer selon son goût. Enrouler les hauts de cuisse autour du fromage.

3 Disposer les rouleaux dans un plat allant au four, enduire de lait et saupoudrer uniformément de farine.

4 Cuire au four préchauffé, à 190 °C (th. 6-7), 25 à 30 minutes, jusqu'à ce que le poulet soit bien doré et qu'il rende un jus clair lorsqu'il est piqué dans sa partie la plus charnue à l'aide d'une brochette.

5 Pour la sauce, faire revenir l'oignon et l'ail dans l'huile d'olive, sans cesser de remuer, jusqu'à ce qu'ils soient tendres et commencent à dorer.

6 Ajouter les tomates, réduire le feu et couvrir. Laisser mijoter 15 à 20 minutes à feu doux, jusqu'à ce qu'elles soient fondues.

7 Ajouter les fines herbes, transférer dans un robot de cuisine et mixer jusqu'à obtention d'une sauce onctueuse et riche. Passer au chinois, saler et poivrer selon son goût, et servir avec le poulet, garni de fines herbes.

VALEURS NUTRITIONNELLES

Calories *318* ; glucides *21 g* ; protéines *28 g* ; lipides *17 g* ; acides gras saturés *7 g*

facile
25 minutes
1 heure

Les coquelets sont parfaits pour une ou deux personnes et font un plat facile à préparer pour une grande occasion. Si vous cuisinez pour une seule personne, un micro-onde fera aussi bien l'affaire, et bien plus rapidement.

Coquelet *aux* fruits secs

1 Mettre les fruits secs dans une terrine, couvrir d'eau bouillante et laisser tremper 30 minutes.

2 Couper éventuellement les coquelets en deux dans le sens de la longueur à l'aide d'un couteau tranchant.

3 Mélanger les fruits, le liquide restant dans la terrine, les noix, le miel et les épices, et répartir la préparation obtenue sur 2 carrés de papier d'aluminium.

4 Enduire les coquelets d'huile de noix, saler et poivrer selon son goût et disposer sur les fruits.

5 Refermer le papier d'aluminium, disposer sur une plaque de four et cuire au four préchauffé, à 190 °C (th. 6-7), 25 à 30 minutes, jusqu'à ce que le poulet rende un jus clair lorsqu'il est piqué dans sa partie la plus charnue à l'aide d'une brochette. Pour une cuisson au micro-ondes, utiliser des sachets de cuisson adaptés et faire cuire chaque coquelet à puissance maximale 6 à 7 minutes, selon leur poids.

6 Servir chaud accompagné de légumes frais et de pommes de terre nouvelles.

CONSEIL

Cette recette peut se préparer avec d'autres fruits séchés (cerises, mangues et papayes, par exemple).

2 PERSONNES

125 g de pruneaux, de pêches et de pommes séchées
120 ml d'eau, bouillante
2 coquelets
25 g de cerneaux de noix, coupés en deux
1 cuil. à soupe de miel
1 cuil. à café de mélange d'épices en poudre
1 cuil. à soupe d'huile de noix
sel et poivre

garniture
légumes frais
pommes de terre nouvelles

VALEURS NUTRITIONNELLES

Calories *316* ; glucides *46 g* ; protéines *23 g* ; lipides *15 g* ; acides gras saturés *2 g*

facile
40 minutes
30 minutes

Les suprêmes de poulet conservent un peu de l'os de l'aile. Dans cette recette, une sauce acidulée aux fruits rehausse le goût du poulet à merveille.

Blancs de poulet rôtis *au* lard

8 PERSONNES

55 g de beurre
jus d'un citron
250 g de groseilles ou de myrtilles
1 à 2 cuil. à soupe de sucre de canne
sel et poivre
8 blancs ou suprêmes de poulet, sans la peau
16 tranches de lard
1 cuil. à soupe de thym frais haché
55 g de graisse d'oie
4 tranches de pain de mie, coupées en triangles

1 Dans une casserole, faire chauffer le beurre, ajouter le jus de citron, les groseilles et le sucre, et saler et poivrer selon son goût. Faire cuire 1 minute, laisser refroidir et réserver.

2 Saler et poivrer le poulet, enrouler 2 tranches de lard autour de chaque blanc et saupoudrer de thym.

3 Envelopper chaque blanc dans du papier d'aluminium légèrement graissé, disposer dans un plat allant au four et cuire au four préchauffé, à 200 °C (th. 6-7), 15 minutes. Retirer le papier d'aluminium et cuire encore 10 minutes.

4 Dans une poêle, faire chauffer la graisse d'oie, ajouter les tranches de pain de mie et les faire revenir des deux côtés, jusqu'à ce qu'elles soient dorées.

5 Répartir les tranches de pain dans un grand plat, disposer un blanc de poulet sur chacune et servir nappé de sauce aux fruits.

VALEURS NUTRITIONNELLES
Calories *458* ; glucides *23 g* ; protéines *42 g* ; lipides *26 g* ; acides gras saturés *12 g*

difficulté moyenne
15 minutes
35 minutes

CONSEIL

Vous pouvez utiliser pour cette recette soit du thym frais haché, soit du thym séché, mais rappelez-vous que les herbes séchées ont un goût plus fort. Il faut donc en mettre deux fois moins que des herbes fraîches.

Les Catalans sont réputés pour marier la viande et les fruits. Ici, les pêches apportent de la douceur, tandis que les pignons, la cannelle et le xérès constituent un mélange original.

Poulet *à la* catalane

1 Mélanger dans une terrine la chapelure, 25 g de pignons, l'œuf et le thym.

2 Hacher une pêche, mélanger avec le mélange précédent et saler et poivrer selon son goût. Introduire la préparation obtenue dans la cavité du cou du poulet et refermer la peau.

3 Disposer le poulet dans un plat allant au four et saupoudrer la peau de cannelle.

4 Couvrir de papier d'aluminium et cuire au four préchauffé, à 190 °C (th. 6-7), 1 heure, en arrosant le poulet de temps en temps.

5 Retirer le papier d'aluminium, verser le xérès sur le poulet et faire cuire encore 30 minutes, en arrosant régulièrement avec le xérès, jusqu'à ce que le poulet rende un jus clair lorsqu'il est piqué dans sa partie la plus charnue à l'aide d'une brochette.

6 Parsemer les demi-pêches restantes de pignons, disposer dans un plat allant au four et cuire au four les 10 dernières minutes de cuisson du poulet.

7 Transférer le poulet dans un plat et disposer les demi-pêches autour. Dégraisser la sauce si nécessaire, incorporer la crème fraîche et faire chauffer à feu doux. Servir la sauce avec le poulet et les pêches.

6 PERSONNES

55 g de chapelure blonde fraîche
55 g de pignons
1 petit œuf, battu
4 cuil. à soupe de thym frais haché, ou 1 cuil. à soupe de thym séché
4 pêches fraîches, dénoyautées et pelées ou 8 demi-pêches en boîte
sel et poivre
1 poulet d'environ 2,5 kg
1 cuil. à café de cannelle en poudre
200 ml de xérès amontillado
4 cuil. à soupe de crème fraîche épaisse
sel et poivre

VALEURS NUTRITIONNELLES

Calories *586* ; glucides *23 g* ; protéines *46 g* ; lipides *36 g* ; acides gras saturés *14 g*

difficulté moyenne
25 minutes
1 h 30

Cette recette est longue à préparer mais vos efforts seront récompensés : les cerises et le poulet se marient merveilleusement bien.

Blancs de poulet *aux* merises

6 PERSONNES

6 suprêmes de poulet
6 grains de poivre, pilés
12 échalotes, émincées
300 g de merises dénoyautées ou de cerises en boîte dénoyautées
4 tranches de lard maigre, découennées et coupées en dés
8 baies de genièvre
4 cuil. à soupe de porto
150 ml de vin rouge
sel et poivre
25 g de beurre
2 cuil. à soupe d'huile de noix
25 g de farine

garniture
pommes de terre nouvelles
haricots verts

1 Mettre le poulet dans un plat allant au four, ajouter les grains de poivre, les échalotes, les merises ou les cerises et leur jus, et incorporer le lard, les baies de genièvre. Mouiller avec le porto et le vin rouge, et saler et poivrer selon son goût.

2 Mettre le poulet au réfrigérateur et laisser mariner 48 heures.

3 Dans une poêle, faire chauffer le beurre et l'huile de noix, retirer le poulet de la marinade et faire revenir 4 minutes de chaque côté.

4 Remettre le poulet dans le plat avec la marinade et réserver les jus de la poêle.

5 Couvrir le poulet de papier d'aluminium, cuire au four préchauffé, à 180 °C (th. 6), 20 minutes, et transférer le poulet dans un plat de service chaud. Délayer la farine dans les jus réservés, faire cuire 4 minutes et ajouter la marinade. Porter à ébullition et laisser mijoter 10 minutes, jusqu'à obtention d'une consistance homogène.

6 Verser la sauce sur les blancs de poulet et servir accompagné de pommes de terre nouvelles et de haricots verts.

VALEURS NUTRITIONNELLES
Calories *363* ; glucides *24 g* ; protéines *40 g* ; lipides *14 g* ; acides gras saturés *5 g*

difficulté moyenne
48 h 15
1 heure

Voici une variante originale du poulet rôti habituel, avec une sauce riche et une farce aux flocons d'avoine.

Poulet rôti *au* whisky

1 Pour la farce, faire revenir l'oignon et le céleri à feu doux dans le beurre, sans cesser de remuer, jusqu'à ce qu'ils soient tendres et légèrement dorés.

2 Retirer du feu, incorporer le thym et les flocons d'avoine, et mouiller avec le bouillon. Saler et poivrer selon son goût.

3 Introduire la farce dans la cavité du cou du poulet, couvrir avec la peau et disposer dans un plat allant au four. Enduire légèrement d'huile et cuire au four préchauffé, à 190 °C (th. 6-7), environ 1 heure.

4 Mélanger le miel avec 1 cuillerée à soupe de whisky, enduire le poulet avec le mélange obtenu et remettre au four 20 minutes, jusqu'à ce que le poulet soit bien doré et qu'il rende un jus clair lorsqu'il est piqué dans sa partie la plus charnue à l'aide d'une brochette.

5 Transférer le poulet dans un plat. Dégraisser la sauce, délayer la farine et faire cuire à feu moyen, sans cesser de remuer, jusqu'à ce que la sauce commence à frémir. Ajouter progressivement le bouillon et le whisky restant.

6 Porter à ébullition sans cesser de remuer et laisser mijoter 1 minute. Servir le poulet nappé de sauce et accompagné de brocoli et des pommes de terre sautées.

6 PERSONNES

1 poulet d'environ 2 kg
huile, pour graisser
1 cuil. à soupe de miel de bruyère
2 cuil. à soupe de whisky
2 cuil. à soupe de farine
4 cuil. à soupe de bouillon de poulet

farce

1 oignon moyen, finement haché
1 branche de céleri, finement émincée
15 g de beurre ou 1 cuil. à soupe d'huile de tournesol
1 cuil. à café de thym séché
4 cuil. à soupe de flocons d'avoine
300 ml de bouillon de poulet
sel et poivre

accompagnement

brocoli
pommes de terre sautées

VALEURS NUTRITIONNELLES

Calories *254* ; glucides *17 g* ; protéines *27 g* ; lipides *8 g* ; acides gras saturés *2 g*

difficulté moyenne
5 minutes
1 h 30

Cette délicieuse recette a le goût du poulet rôti, mais sa cuisson s'achève dans une cocotte et le poulet est servi dans une sauce aux champignons.

Fricassée *de* poulet *aux* champignons

4 PERSONNES

85 g de beurre, en pommade
1 gousse d'ail, hachée
sel et poivre
1 poulet d'environ 2 kg
175 g de champignons sauvages
12 échalotes
25 g de farine
150 ml de cognac
300 ml de crème fraîche épaisse
1 cuil. à soupe de persil frais haché, en garniture

garniture
pommes de terre au four
haricots verts

1 Dans une terrine, mettre le beurre et l'ail, saler et poivrer selon son goût, et bien mélanger.

2 Enduire l'extérieur et l'intérieur du poulet de la préparation obtenue et laisser reposer 2 heures.

3 Disposer le poulet dans un plat allant au four et cuire au four préchauffé en disposant le plat à mi-hauteur, à 230 °C (th. 7-8), 1 h 30, en arrosant avec le jus de cuisson toutes les 10 minutes.

4 Retirer le poulet du plat et laisser tiédir.

5 Transférer le jus de cuisson dans une poêle, ajouter les champignons et les échalotes, et faire cuire 5 minutes. Saupoudrer de farine, ajouter le cognac chaud et flamber.

6 Ajouter la crème fraîche et faire cuire 3 minutes à feu très doux, sans cesser de remuer.

7 Désosser le poulet, découper en bouchées et transférer dans une cocotte.

8 Ajouter la sauce aux champignons, cuire 12 minutes au four, à 160 °C (th. 5-6) et garnir de persil. Servir accompagné de haricots verts et de pommes de terre au four.

VALEURS NUTRITIONNELLES
Calories *920* ; glucides *14 g* ; protéines *50 g* ; lipides *68 g* ; acides gras saturés *38 g*

difficulté moyenne
2 h 25
2 heures

Cette recette pauvre en matières grasses est idéale pour un repas estival, le poulet est simplement accompagné de salade et de pommes de terre nouvelles. Quand vous coupez le poulet en deux pour l'aplatir, il cuit en moins d'une heure.

Poulet *au* miel *et à* l'orange

1 Disposer le poulet sur une planche à découper et fendre la partie inférieure de la carcasse à l'aide d'une cisaille à volaille ou de gros ciseaux de cuisine, en veillant à ne pas inciser le bréchet.

2 Rincer le poulet à l'eau froide, égoutter et disposer sur une planche, côté peau vers le haut. Aplatir le poulet avec les mains et couper l'extrémité des cuisses.

3 Enfoncer deux brochettes en bois dans le poulet, de façon à ce qu'il reste aplati, et saler et poivrer la peau selon son goût.

4 Dans un plat non-métallique, mélanger les ingrédients de la marinade, ajouter le poulet et couvrir. Mettre au réfrigérateur 4 heures, en retournant plusieurs fois le poulet.

5 Pour la sauce, mélanger les ingrédients, couvrir et mettre au réfrigérateur.

6 Mettre le poulet et la marinade dans un plat allant au four, ouvrir le poulet côté peau vers le bas et disposer les quartiers d'orange autour. Cuire au four préchauffé, à 200 °C (th. 7), 25 minutes, retourner le poulet et faire cuire encore 20 à 30 minutes.

7 Arroser le poulet jusqu'à ce qu'il soit doré et qu'il rende un jus clair lorsqu'il est piqué dans sa partie la plus charnue à l'aide d'une brochette, garnir d'estragon et servir avec la sauce.

4 PERSONNES

1 poulet d'environ 2 kg
sel et poivre
2 oranges, coupées en quartiers
estragon frais, en garniture

marinade

300 ml de jus d'orange
3 cuil. à soupe de vinaigre de cidre
3 cuil. à soupe de miel liquide
2 cuil. à soupe d'estragon frais haché

sauce

1 poignée de brins d'estragon, hachés, un peu plus en garniture
200 g de fromage blanc
2 cuil. à soupe de jus d'orange
1 cuil. à café de miel
55 g d'olives farcies, hachées

VALEURS NUTRITIONNELLES

Calories *288* ; glucides *64 g* ; protéines *30 g* ; lipides *6 g* ; acides gras saturés *1 g*

difficile
4 h 20
55 minutes

La betterave est un des légumes les plus méconnus, il apporte pourtant couleur et saveur à de nombreux plats. De tendres et jeunes betteraves sont ici utilisées.

Blancs de poulet *au* jambon

4 PERSONNES

4 suprêmes de poulet
8 feuilles de sauge fraîche
sel et poivre
8 tranches fines de jambon
250 g de stilton, coupé en 8 morceaux
8 tranches de lard maigre, découennées
150 ml de bouillon de poulet
2 cuil. à soupe de porto
24 échalotes
500 g de petites betteraves, cuites
1 cuil. à soupe de maïzena, délayée dans un peu de porto

1 Pratiquer une incision horizontale le long de chaque suprême de poulet.

2 Insérer 2 feuilles de sauge dans chaque fente et saler et poivrer selon son goût.

3 Enrouler chaque tranche de jambon autour d'un morceau de stilton, insérer 2 rouleaux dans chaque fente et enrouler le lard autour des blancs, de façon à recouvrir la fente contenant le jambon et le fromage.

4 Disposer le poulet dans une cocotte allant au four et mouiller avec le bouillon et le porto.

5 Ajouter les échalotes, couvrir avec un couvercle ou du papier d'aluminium, et cuire au four préchauffé, à 195 °C (th. 6-7), 40 minutes.

6 Poser les blancs sur une planche à découper, les couper en tranches, de façon à créer un effet d'éventail, et disposer dans un plat chaud avec les échalotes et les betteraves.

7 Verser le jus de cuisson dans une casserole, porter à ébullition et retirer du feu. Ajouter la préparation à base de maïzena, baisser le feu et laisser mijoter 2 minutes. Napper les échalotes et les betteraves, et servir immédiatement.

VALEURS NUTRITIONNELLES

Calories *529* ; glucides *71 g* ; protéines *56 g* ; lipides *16 g* ; acides gras saturés *5 g*

difficulté moyenne
25 minutes
45 minutes

CONSEIL

Vous pouvez remplacer le stilton par un autre fromage à pâte persillée. Essayez le gorgonzola ou le roquefort.

Les coquelets sont faciles à préparer et rôtissent environ 30 minutes. Un coquelet par personne est très largement suffisant.

Poulet rôti *aux* légumes printaniers

1 Dans une terrine, mélanger la chapelure, le tiers du fromage blanc, 2 cuillerées à soupe de persil et 2 cuillerées à soupe de ciboulette, saler et poivrer selon son goût et introduire la préparation obtenue dans le cou des coquelets. Disposer les coquelets dans un plat allant au four, les enduire légèrement d'huile et bien saler et poivrer.

2 Cuire au four préchauffé, à 220 °C (th. 7-8), 30 à 35 minutes, jusqu'à ce que le poulet rende un jus clair lorsqu'il est piqué dans sa partie la plus charnue à l'aide d'une brochette.

3 Mettre les légumes dans un plat allant au four, en une seule couche, ajouter la moitié des fines herbes restantes et mouiller avec le bouillon. Couvrir, cuire 25 à 30 minutes, jusqu'à ce que les légumes soient tendres, et égoutter en réservant le jus de cuisson. Réserver au chaud.

4 Disposer les coquelets dans un plat de service, dégraisser le jus et verser dans le jus de cuisson des légumes.

5 Délayer la maïzena dans le vin, incorporer aux jus en battant avec le fromage blanc restant et porter à ébullition sans cesser de battre. Ajouter les fines herbes restantes, saler et poivrer selon son goût et verser la sauce sur les coquelets. Servir avec les légumes.

4 PERSONNES

5 cuil. à soupe de chapelure blonde
200 g de fromage blanc ou de crème fraîche allégées
5 cuil. à soupe de persil frais haché
5 cuil. à soupe de ciboulette fraîche hachée
sel et poivre
4 coquelets
1 cuil. à soupe d'huile de tournesol
sel et poivre
675 g de légumes printaniers (carottes, courgettes, pois mange-tout, maïs et navets, par exemple), en petits morceaux
120 ml de bouillon de poulet bouillant
2 cuil. à café de maïzena
150 ml de vin blanc sec

VALEURS NUTRITIONNELLES

Calories *280* ; glucides *23 g* ; protéines *32 g* ; lipides *7 g* ; acides gras saturés *2 g*

difficulté moyenne
20 minutes
1 h 15

Il est assez simple de désosser un poulet, mais vous pouvez demander à votre boucher de le faire pour vous, si vous préférez.

Poulet désossé *au* parmesan

6 PERSONNES

1 poulet d'environ 2,25 kg
8 tranches de mortadelle ou de salami
125 g de chapelure fraîche
6 cuil. à soupe de basilic ou de persil frais
125 g de parmesan, fraîchement râpé
2 gousses d'ail, hachées
sel et poivre
1 œuf, battu
huile d'olive, pour graisser
poivre
légumes frais, en accompagnement

1 Désosser le poulet en laissant la peau intacte, disloquer les cuisses en les cassant à l'articulation supérieure et fendre chaque côté de la colonne vertébrale en évitant de percer la peau.

2 Retirer la colonne vertébrale et les côtes, en découpant la chair qui adhère à l'aide d'un couteau tranchant.

3 Dégager la chair des cuisses et retirer l'os en le coupant à l'articulation à l'aide d'un couteau ou d'une cisaille.

4 Réserver les os pour du bouillon, étendre le poulet sur une planche à découper, côté peau vers le bas, et disposer les tranches de mortadelle en les faisant se chevaucher un peu.

5 Dans une terrine, mettre la chapelure, le basilic, le parmesan et l'ail, saler et poivrer selon son goût et mélanger. Incorporer l'œuf battu, garnir le poulet de la farce obtenue et enrouler la viande autour, en maintenant à l'aide de ficelle de cuisine.

6 Disposer dans un plat allant au four, enduire légèrement d'huile d'olive et cuire au four préchauffé, à 200 °C (th. 6-7), 1 h 30, jusqu'à ce que le poulet rende un jus clair lorsqu'il est piqué dans sa partie la plus charnue à l'aide d'une brochette.

7 Servir chaud ou froid, coupé en tranches et accompagné de légumes frais.

VALEURS NUTRITIONNELLES

Calories *578* ; glucides *9,4 g* ; protéines *42 g* ; lipides *42 g* ; acides gras saturés *15 g*

difficile
35 minutes
1 h 30

Un farce au fromage est glissée sous la peau du poulet pour ajouter saveur et moelleux à la viande.

Poulet farci *aux* courgettes

1 Pour la farce, parer 85 g de courgettes, les râper grossièrement et mélanger avec le fromage, le zeste de citron vert et la chapelure. Saler et poivrer selon son goût.

2 Détacher délicatement la peau des blancs du poulet.

3 Insérer la préparation précédente sous la peau avec les doigts et la répartir régulièrement.

4 Mettre le poulet dans un plat allant au four, enduire légèrement d'huile et cuire au four préchauffé, à 190 °C (th. 6-7), en comptant 20 minutes pour 500 g et 20 minutes supplémentaires, jusqu'à ce que le poulet rende un jus clair lorsqu'il est piqué dans sa partie la plus charnue à l'aide d'une brochette.

5 Parer les courgettes restantes, les couper en longues et fines lanières à l'aide d'un économe ou d'un couteau tranchant et les faire revenir dans le beurre et le jus de citron vert, jusqu'à ce qu'elles soient tendres. Servir avec le poulet.

CONSEIL

Pour une cuisson plus rapide, râpez les courgettes au lieu de les couper en lamelles.

6 PERSONNES

340 g de courgettes
85 g de fromage à pâte molle
zeste finement râpé et jus d'un citron vert
2 cuil. à soupe de chapelure
sel et poivre
1 poulet d'environ 2,25 kg
huile, pour graisser
25 g de beurre

VALEURS NUTRITIONNELLES

Calories *236* ; glucides *4 g* ; protéines *28 g* ; lipides *12 g* ; acides gras saturés *7 g*

difficulté moyenne
15 minutes
2 heures

Ce plat coloré et riche est idéal pour un repas en famille ou une grande occasion. Ajoutez davantage de légumes si vous avez une foule d'invités.

Poulet à l'orange *et au* sésame

4 PERSONNES

2 cuil. à soupe d'huile de tournesol
1 poulet d'environ 1,5 kg
2 grosses oranges
2 petits oignons, coupés en quartiers
500 g de petites carottes entières ou de carottes fines coupées en bâtonnets de 5 cm de long
sel et poivre
150 ml de jus d'orange
2 cuil. à soupe de cognac
2 cuil. à soupe de graines de sésame
1 cuil. à soupe de maïzena

1 Dans une cocotte, faire chauffer l'huile, ajouter le poulet et faire revenir en le retournant de temps en temps.

2 Couper une orange en deux, mettre une des moitiés à l'intérieur du poulet et transférer le poulet dans une cocotte. Disposer les oignons et les carottes autour, saler et poivrer selon son goût, et ajouter le jus d'orange.

3 Couper l'orange restante en minces quartiers et disposer autour du poulet, au centre des légumes.

4 Couvrir et cuire au four préchauffé, à 180 °C (th. 6), environ 1 h 30, jusqu'à ce que le poulet rende un jus clair lorsqu'il est piqué dans sa partie la plus charnue à l'aide d'une brochette et que les légumes soient tendres. Découvrir, verser le cognac sur le poulet et parsemer de graines de sésame. Remettre au four 10 minutes.

5 Transférer le poulet dans un plat, disposer les légumes autour et dégraisser la sauce si nécessaire. Délayer la maïzena dans 1 cuillerée à soupe d'eau froide, incorporer la préparation obtenue à la sauce et porter à ébullition sans cesser de remuer. Rectifier l'assaisonnement et servir la sauce avec le poulet.

VALEURS NUTRITIONNELLES

Calories *302* ; glucides *39 g* ; protéines *29 g* ; lipides *11 g* ; acides gras saturés *2 g*

difficulté moyenne
10 minutes
2 heures

CONSEIL

Pour un goût d'agrume plus piquant, remplacez les oranges par des citrons, et mettez 1 brin de thym à l'intérieur du poulet avec le ½ citron : leurs saveurs se marient bien.

Les morceaux de poulet sont enduits d'un mélange de miel et de moutarde, puis parsemés de graines de pavot.

Poulet au miel *et à la* moutarde

1 Disposer les morceaux de poulet sur une plaque de four, côté peau vers le haut.

2 Dans une terrine, mélanger tous les autres ingrédients, sauf les graines de pavot, et bien mélanger.

3 Enduire les morceaux de poulet avec la préparation obtenue.

4 Cuire au four préchauffé, à 210 °C (th. 7), 15 minutes.

5 Retourner délicatement les morceaux de poulet et enduire avec la préparation restante.

6 Parsemer le poulet de graines de pavot et remettre au four 15 minutes.

7 Transférer le poulet dans un plat, arroser de jus de cuisson et servir accompagné d'une salade de tomates et de maïs.

4 À 6 PERSONNES

8 morceaux de poulet
55 g de beurre, fondu
4 cuil. à soupe de moutarde douce
4 cuil. à soupe de miel liquide
2 cuil. à soupe de jus de citron
1 cuil. à café de paprika
sel et poivre
3 cuil. à soupe de graines de pavot
tomates et maïs, en accompagnement

VALEURS NUTRITIONNELLES

Calories *464* ; glucides *35 g* ; protéines *64 g* ; lipides *20 g* ; acides gras saturés *10 g*

facile
15 minutes
30 minutes

CONSEIL

Le riz mexicain est un accompagnement idéal pour ce plat : faites bouillir le riz dans du bouillon de légumes avec du piment frais et des légumes, dont des oignons, des tomates, de l'ail, des carottes et des petits pois.

Voici un plat aux saveurs méditerranéennes. Un mélange de féta, de romarin et de tomates séchées au soleil est glissé sous la peau du poulet.

Poulet farci *à la* provençale

6 PERSONNES

1 poulet d'environ 2,5 kg
3 brins de romarin frais, hachés
175 g de féta, grossièrement râpée
2 cuil. à soupe de concentré de tomates séchées au soleil
55 g de beurre, en pommade
poivre
1 tête d'ail
1 kg de pommes de terre nouvelles, coupées en deux si elles sont grosses
3 poivrons (1 rouge, 1 vert, 1 jaune), coupés en gros morceaux
3 courgettes, coupées en fines rondelles
2 cuil. à soupe d'huile d'olive
2 cuil. à soupe de farine
600 ml de bouillon de poulet

1 Pratiquer une incision entre la peau et la chair de la poitrine du poulet à l'aide d'un petit couteau tranchant, passer le doigt dans l'incision et l'élargir délicatement jusqu'à ce que la peau soit complètement détachée tout le long du poulet.

2 Mélanger le romarin, la féta, le concentré de tomates et le beurre, poivrer selon son goût et glisser la préparation obtenue sous la peau. Disposer le poulet dans un plat allant au four, couvrir de papier d'aluminium et cuire au four préchauffé, à 190 °C (th. 6-7), en comptant 20 minutes pour 500 g et 20 minutes supplémentaires.

3 Séparer les gousses de la tête d'ail, sans les éplucher, et les mettre dans le plat avec les légumes après 40 minutes de cuisson.

4 Verser un filet d'huile, remettre au four et retirer le papier d'aluminium 40 minutes avant la fin de la cuisson de sorte que le poulet dore bien.

5 Transférer le poulet dans un plat, répartir une partie des légumes autour et disposer les légumes restants dans un plat chaud. Dégraisser le jus de cuisson, délayer la farine et faire cuire 2 minutes. Mouiller progressivement avec le bouillon, porter à ébullition sans cesser de remuer jusqu'à épaississement et transférer dans une saucière en filtrant. Servir avec le poulet.

VALEURS NUTRITIONNELLES
Calories *488* ; glucides *40 g* ; protéines *37 g* ; lipides *23 g* ; acides gras saturés *11 g*

difficulté moyenne
35 minutes
2 heures

Fromage et moutarde composent une garniture simple et croustillante, idéale pour ce plat rapide à préparer et bon pour la santé.

Poulet au cheddar *et à la* moutarde

1 Dans une terrine, mélanger le lait et la moutarde. Dans une autre terrine, mélanger le fromage, la farine et la ciboulette.

2 Tremper le poulet dans la première préparation de façon à bien l'enduire.

3 Tremper le poulet dans la seconde préparation en pressant de façon à bien l'enrober, disposer sur une plaque de four et répartir éventuellement la préparation au fromage restante.

4 Cuire au four préchauffé, à 200 °C (th. 6-7), 30 à 35 minutes, jusqu'à ce que le poulet soit bien doré et qu'il rende un jus clair lorsqu'il est piqué dans sa partie la plus charnue à l'aide d'une brochette. Servir chaud, accompagné de pommes de terre en robe des champs, de légumes frais et de mesclun.

4 PERSONNES

1 cuil. à soupe de lait
2 cuil. à soupe de moutarde anglaise
55 g de cheddar bien fait, râpé
3 cuil. à soupe de farine
2 cuil. à soupe ciboulette fraîche hachée
4 blancs de poulet, sans la peau

accompagnement

pommes de terre en robe des champs
légumes frais
mesclun

VALEURS NUTRITIONNELLES

Calories *225* ; glucides *10 g* ; protéines *32 g* ; lipides *7 g* ; acides gras saturés *3 g*

très facile
10 minutes
35 minutes

CONSEIL

Vous pouvez utiliser différents types de moutarde : la moutarde de Meaux est une moutarde à l'ancienne, de consistance granuleuse et au goût épicé, tandis que la moutarde de Dijon est plus forte et piquante que la moutarde anglaise.

Toutes les combinaisons de petits ou de jeunes légumes peuvent être rôties avec le poulet, y compris les courgettes, les poireaux et les oignons.

Poulet *aux* légumes du potager

4 PERSONNES

1 poulet d'environ 1,5 kg
1 bouquet de persil
½ oignon
25 g de beurre, en pommade
sel et poivre
4 cuil. à soupe d'huile d'olive
500 g de pommes de terre nouvelles
500 g de jeunes carottes
persil frais haché, en garniture

farce

250 g de panais, coupés en morceaux
125 g de carottes, coupées en morceaux
25 g de chapelure
¼ de cuil. à café de noix muscade
1 cuil. à soupe de persil frais haché
sel et poivre

VALEURS NUTRITIONNELLES

Calories *674* ; glucides *63 g* ; protéines *35 g* ; lipides *40 g* ; acides gras saturés *12 g*

difficulté moyenne
15 minutes
1 h 45

1 Pour la farce, mettre les panais et les carottes dans une casserole, couvrir d'eau jusqu'à mi-hauteur et porter à ébullition. Réduire le feu, couvrir et laisser mijoter jusqu'à ce que les légumes soient tendres. Bien égoutter, réduire en purée dans un robot de cuisine et laisser refroidir dans une terrine.

2 Ajouter la chapelure, la noix muscade et le persil, et saler et poivrer selon son goût.

3 Introduire la farce dans le cou du poulet, la pousser légèrement sous la peau de la poitrine et fixer la peau à l'aide d'une brochette en métal ou d'une pique à cocktail.

4 Mettre le bouquet de persil et l'oignon à l'intérieur du poulet et transférer dans un plat allant au four.

5 Beurrer la peau, saler et poivrer, et couvrir de papier d'aluminium. Cuire au four préchauffé, à 190 °C (th. 6-7), 30 minutes.

6 Dans une poêle, faire chauffer l'huile, ajouter les pommes de terre et faire revenir jusqu'à ce qu'elles soient dorées.

7 Répartir les pommes de terre dans le plat, ajouter les carottes et arroser le poulet. Cuire encore 1 heure, en arrosant le poulet et les légumes après 30 minutes de cuisson, retirer le papier d'aluminium 20 minutes avant la fin de la cuisson, de sorte que le poulet dore bien, et garnir les légumes de persil.

Des légumes de printemps frais sont à la base de ce ragoût coloré, garni de galettes nourrissantes.

Poulet aux légumes *et aux* galettes

4 PERSONNES

1 cuil. à soupe d'huile
8 pilons de poulet, sans la peau
1 petit oignon, émincé
350 g de jeunes carottes, coupées en bouchées
2 jeunes navets, coupés en bouchées
125 g de fèves ou de petits pois
1 cuil. à café de maïzena
300 ml de bouillon de poulet
2 feuilles de laurier
sel et poivre

galettes

250 g de farine complète
2 cuil. à café de levure chimique
2 cuil. à soupe de margarine au tournesol
2 cuil. à café de moutarde à l'ancienne
55 g de cheddar, râpé
lait écrémé, un peu plus pour dorer
graines de sésame, pour parsemer

1 Dans une poêle, faire chauffer l'huile, ajouter le poulet et faire revenir, en remuant de temps en temps, jusqu'à ce qu'il soit doré. Égoutter, transférer dans une cocotte allant au four et ajouter l'oignon dans la poêle. Faire revenir en remuant de temps en temps, 2 à 3 minutes, jusqu'à ce qu'il soit tendre.

2 Ajouter les carottes et les navets dans la cocotte avec les fèves.

3 Délayer la maïzena dans un peu de bouillon, incorporer le bouillon restant et porter à ébullition à feu doux sans cesser de remuer. Verser dans la cocotte, ajouter les feuilles de laurier, et saler et poivrer selon son goût.

4 Bien couvrir et cuire au four préchauffé, à 200 °C (th. 6-7), 50 à 60 minutes, jusqu'à ce que le poulet rende un jus clair lorsqu'il est piqué dans sa partie la plus charnue à l'aide d'une brochette.

5 Pour les galettes, tamiser la farine et la levure, incorporer la margarine à l'aide d'une fourchette et ajouter la moutarde, le fromage, et assez de lait pour obtenir une pâte souple.

6 Abaisser la pâte et découper 16 ronds à l'aide d'un emporte-pièce de 4 cm de diamètre. Découvrir la cocotte, répartir les ronds et enduire de lait. Parsemer de graines de sésame, remettre au four 20 minutes, jusqu'à ce que les galettes soient fermes et dorées, et servir.

VALEURS NUTRITIONNELLES

Calories *560* ; glucides *74 g* ; protéines *389 g*; lipides *18 g* ; acides gras saturés *4 g*

difficulté moyenne
15 minutes
1 h 30

Barbecue *et* gril

Il n'y a rien de plus délectable que la viande juteuse et la peau croustillante d'un poulet mariné dans un savoureux mélange d'huile et d'aromates ou d'épices, et grillé. Essayez par exemple les marinades de la cuisine asiatique – yaourt et épices, ou sauce de soja, huile de sésame et gingembre. Ce chapitre contient des recettes originales, comme les Brochettes de poulet à la sauce aux mûres et les Roulades de poulet en brochette. Les coquelets, aromatisés au citron et à l'estragon, se prêtent très bien à la cuisson au gril ou au barbecue. Ce chapitre donne aussi la recette d'un poulet grillé aux légumes qui associe des blancs de poulet à un assortiment de légumes comprenant des courgettes, des aubergines et du poivron rouge arrosés d'un filet d'huile d'olive et servis avec du pain grillé.

Ces ailes de poulet épicées sont délicieuses servies avec une sauce au piment et de la salade. Si c'est trop épicé, essayez une sauce à la crème aigre et à la ciboulette.

Poulet *à la* mode cajun

4 PERSONNES

16 ailes de poulet
4 cuil. à café de paprika
2 cuil. à café de coriandre en poudre
1 cuil. à café de sel de céleri
1 cuil. à café de cumin en poudre
1/2 cuil. à café de poivre de Cayenne
1/2 cuil. à café de sel
1 cuil. à soupe d'huile
2 cuil. à soupe de vinaigre de vin rouge
persil frais, en garniture

accompagnement
tomates cerises
mesclun
sauce au piment ou à la crème aigre et à la ciboulette

1 Retirer le bout des ailes de poulet à l'aide de ciseaux de cuisine.

2 Mélanger le paprika, la coriandre en poudre, le sel de céleri, le cumin en poudre, le poivre de Cayenne, le sel, l'huile et le vinaigre de vin rouge.

3 Enrober les ailes de la préparation obtenue et mettre au réfrigérateur au moins 1 heure, de façon à ce que les saveurs s'exhalent.

4 Cuire les ailes de poulet au barbecue préchauffé, 15 minutes, en les enduisant régulièrement d'huile et en les retournant souvent, de façon à ce qu'ils soient bien cuits.

5 Garnir de persil frais et servir accompagné de tomates cerises, de mesclun et d'une sauce de son choix.

VALEURS NUTRITIONNELLES
Calories *430* ; glucides *20 g* ; protéines *40 g* ; lipides *6 g* ; acides gras saturés *2 g*

très facile
1 h 10
15 minutes

CONSEIL
Pour gagner du temps, vous pouvez acheter un assaisonnement à la mode cajun prêt à l'emploi pour enrober les ailes de poulet.

Voici une recette à réaliser au gril, rapide et facile, parfaite pour un repas dans le jardin ou un pique-nique. Le poulet est bon chaud ou froid.

Poulet au curry *et au* sésame

1 Retirer la peau du poulet et pratiquer des incisions dans la chair à intervalles réguliers à l'aide d'un couteau tranchant.

2 Dans une terrine, mélanger le yaourt, le zeste et le jus de citron, et la pâte de curry, de façon à obtenir une préparation homogène.

3 Enduire les morceaux de poulet de la préparation obtenue et les disposer sur une plaque de four ou une grille chemisée de papier d'aluminium.

4 Passer le poulet au gril préchauffé, à température moyenne, 12 à 15 minutes, en les retournant une fois, jusqu'à ce qu'ils soient bien dorés et bien cuits. Parsemer le poulet de graines de sésame avant la fin de la cuisson.

5 Servir accompagné de salade, de naan et de quartiers de citron.

CONSEIL

Vous pouvez remplacer les graines de sésame par des graines de pavot, de fenouil ou de cumin, ou un mélange des trois.

4 PERSONNES

4 morceaux de poulet
150 g de yaourt nature
zeste finement râpé et jus d'un petit citron
2 cuil. à café de pâte de curry mi-forte
1 cuil. à soupe de graines de sésame

accompagnement

salade
naan (pain indien)
quartiers de citron

VALEURS NUTRITIONNELLES

Calories *110* ; glucides *6 g* ; protéines *15 g* ; lipides *4 g* ; acides gras saturés *1 g*

très facile
5 minutes
15 minutes

Ces brochettes de poulet et de maïs au gingembre sont meilleures mangées avec les doigts – impossible de faire autrement !

Poulet au gingembre *et au* maïs

6 PERSONNES

3 épis de maïs frais, coupés en 6 morceaux
12 ailes de poulet
1 morceau de gingembre de 2,5 cm, râpé ou finement haché
6 cuil. à soupe de jus de citron
4 cuil. à café d'huile de tournesol
1 cuil. à soupe de sucre en poudre

accompagnement
pommes de terre en robes des champs
salade verte

1 Dans une terrine, mettre le maïs et le poulet.

2 Mélanger le gingembre, le jus de citron, l'huile et le sucre, verser sur le poulet et le maïs, et bien enrober les morceaux.

3 Piquer les épis de maïs et le poulet sur des brochettes en métal ou en bambou de façon à pouvoir les manipuler.

4 Passer au gril, à température moyenne, ou cuire au barbecue, 15 à 20 minutes, en arrosant de marinade et en retournant, jusqu'à ce que le maïs soit doré et tendre, et le poulet bien cuit. Servir accompagné de pommes de terre en robe des champs ou de salade.

VALEURS NUTRITIONNELLES
Calories *123* ; glucides *6 g* ; protéines *14 g* ; lipides *6 g* ; acides gras saturés *1 g*

très facile
10 minutes
20 minutes

CONSEIL

Coupez les extrémités des ailes avant de les faire griller, car elles brûlent très facilement. Vous pouvez aussi les couvrir de petits morceaux de papier aluminium.

La cuisson au gril est saine et rapide, idéale pour conserver le jus et la saveur des blancs de poulet, ainsi que pour cuire les légumes d'été.

Poulet grillé *aux* légumes

1 Mettre les rondelles d'aubergine dans une passoire, les saupoudrer de sel et les laisser dégorger 30 minutes, de façon à diminuer leur amertume. Rincer et sécher.

2 Dans une terrine, mélanger l'ail, le zeste de citron, la menthe et l'huile d'olive, et saler et poivrer selon son goût.

3 Pratiquer des incisions dans les blancs de poulet à intervalles réguliers à l'aide d'un couteau tranchant, mettre dans une terrine et enrober de la moitié de la sauce.

4 Dans une autre terrine, mélanger les aubergines et les légumes restants, enrober de sauce et laisser mariner 30 minutes environ.

5 Passer le poulet et les légumes au gril préchauffé, à haute température, ou cuire au barbecue, en les retournant de temps en temps, jusqu'à ce qu'ils soient tendres et bien dorés.

6 Enduire les tranches de pain d'huile d'olive et les passer au gril, jusqu'à ce qu'elles soient dorées.

7 Arroser le poulet et les légumes d'un filet d'huile d'olive et servir chaud ou froid avec le pain grillé.

4 PERSONNES

1 aubergine, coupée en rondelles
2 gousses d'ail, hachées
zeste finement râpé d'un demi-citron
1 cuil. à soupe de menthe fraîche hachée
6 cuil. à soupe d'huile d'olive, un peu plus pour graisser
sel et poivre
4 blancs de poulet, sans la peau
2 courgettes, coupées en rondelles
1 poivron rouge, épépiné et coupé en quartiers
1 bulbe de fenouil, coupé en tranches
1 oignon rouge, coupé en tranches
1 ciabatta ou 1 baguette, coupée en tranches
sel

VALEURS NUTRITIONNELLES
Calories *611* ; glucides *77 g* ; protéines *43 g* ; lipides *21 g* ; acides gras saturés *3 g*

difficulté moyenne
1 h 05
25 minutes

Dans cette recette, les brochettes de poulet ont un petit goût tropical. La marinade conserve leur moelleux et leur saveur durant la cuisson.

Brochettes *de* poulet tropicales

6 PERSONNES

- 750 g de blancs de poulet, sans la peau et coupés en cubes de 2,5 cm
- 2 cuil. à soupe de xérès demi-sec
- poivre
- 3 mangues, dénoyautées et coupées en cubes de 2,5 cm
- feuilles de laurier
- 2 cuil. à soupe d'huile
- 2 cuil. à soupe de noix de coco râpée
- mesclun, en accompagnement

1 Tremper le poulet dans le xérès et poivrer légèrement.

2 Sur de longues brochettes, piquer les morceaux de poulet, les morceaux de mangue et les feuilles de laurier en alternant, et enduire légèrement d'huile.

3 Passer les brochettes au gril préchauffé, à température moyenne, 8 à 10 minutes, en les retournant de temps en temps, jusqu'à ce qu'elles soient bien dorées.

4 Parsemer les brochettes de noix de coco, faire cuire encore 30 secondes et servir accompagné de mesclun.

VALEURS NUTRITIONNELLES

Calories *225* ; glucides *22 g* ; protéines *31 g* ; lipides *6 g* ; acides gras saturés *2 g*

facile

20 minutes

10 minutes

CONSEIL

Utilisez des mangues mûres mais encore fermes, pour qu'elles tiennent sur les brochettes pendant la cuisson. L'ananas convient aussi pour cette recette.

On fait mariner les pilons de poulet pour leur donner un goût piquant aigre-doux et un aspect brillant appétissant.

Pilons *à la* sauce aigre-douce

1 Retirer éventuellement la peau du poulet et pratiquer 2 ou 3 incisions dans chaque pilon à l'aide d'un couteau tranchant.

2 Disposer les pilons côte à côte dans un plat allant au four non métallique.

3 Mélanger le vinaigre, le concentré de tomates, la sauce de soja, le miel, la sauce Worcester, l'ail et le poivre de Cayenne, et verser la préparation obtenue sur les pilons.

4 Laisser mariner 1 heure au réfrigérateur, cuire les pilons au barbecue préchauffé, environ 20 minutes et enduire de marinade en les retournant en cours de cuisson. Garnir de persil et servir accompagné de mesclun.

4 PERSONNES

8 pilons de poulet
4 cuil. à soupe de vinaigre de vin rouge
2 cuil. à soupe de concentré de tomates
2 cuil. à soupe de sauce de soja
2 cuil. à soupe de miel liquide
1 cuil. à soupe de sauce Worcester
1 gousse d'ail
1 bonne pincée de poivre de Cayenne
brins de persil frais, en garniture
mesclun, en accompagnement

VALEURS NUTRITIONNELLES

Calories *171* ; glucides 19 *g* ; protéines *23 g* ; lipides *5 g* ; acides gras saturés *1 g*

très facile
1 h 15
20 minutes

CONSEIL

Pour obtenir une saveur plus piquante, ajoutez le jus d'un citron à la marinade. Vérifiez régulièrement en cours de cuisson que le poulet ne brûle pas.

Lorsqu'il fait chaud, nous préférons manger léger et ce plat de poulet froid à la sauce aux fines herbes est parfait pour un repas d'été ou un pique-nique.

Poulet *aux* herbes potagères

4 PERSONNES

4 morceaux de poulet, en partie désossés et sans la peau
6 cuil. à soupe d'huile d'olive
2 cuil. à soupe de jus de citron
4 cuil. à soupe de fines herbes fraîches (persil, ciboulette et menthe, par exemple) finement hachées
poivre
1 avocat bien mûr, dénoyauté
125 g de fromage blanc allégé

accompagnement
riz froid
piments rouges frais, émincés
oignons verts, émincés

1 À l'aide d'un couteau tranchant, pratiquer 3 ou 4 incisions profondes dans chaque blanc de poulet.

2 Disposer le poulet dans un plat allant au four et enduire légèrement d'huile d'olive.

3 Passer les blancs au gril préchauffé, à température moyenne, en les retournant une fois, jusqu'à ce qu'ils soient bien dorés et qu'ils rendent un jus clair lorsqu'il sont piqués dans leur partie la plus charnue à l'aide d'une brochette.

4 Mélanger l'huile d'olive restante, le jus de citron et les fines herbes, poivrer selon son goût et verser la préparation obtenue sur la viande . Laisser refroidir et mettre au réfrigérateur 1 heure.

5 Réduire l'avocat en purée dans un robot de cuisine avec le fromage blanc, poivrer selon son goût et servir avec le poulet et du riz froid, parsemé de piments et d'oignons verts.

VALEURS NUTRITIONNELLES
Calories *370* ; glucides *6 g* ; protéines *33 g* ; lipides *25 g* ; acides gras saturés *4 g*

facile
1 h 15
25 minutes

CONSEIL

Pour dénoyauter facilement un avocat, commencez par le couper en deux. En tenant fermement dans la main la moitié contenant le noyau, piquer le noyau avec un couteau et faites doucement tourner le couteau pour déloger le noyau.

Ces brochettes pauvres en matières grasses et épicées sont cuites en un instant. Vous pouvez les préparer à l'avance et les conserver dans votre réfrigérateur.

Brochettes *à la* sauce tomate épicée

1 Couper le poulet en morceaux de 2,5 cm à l'aide d'un couteau tranchant et mettre dans une terrine.

2 Mélanger le concentré de tomates, le miel, la sauce Worcester et le romarin, et verser la préparation obtenue sur le poulet, de façon à ce qu'il soit bien enrobé.

3 Sur 8 brochettes en bois, piquer les morceaux de poulet et les tomates cerises, en alternant, et enduire de sauce.

4 Passer au gril préchauffé, à haute température, 8 à 10 minutes, en retournant de temps en temps jusqu'à ce que le poulet soit cuit, servir sur un lit de semoule ou de riz, et garnir de romarin.

4 PERSONNES

500 g de blancs de poulet, sans la peau
3 cuil. à soupe de concentré de tomates
2 cuil. à soupe de miel liquide
2 cuil. à soupe de sauce Worcester
1 cuil. à soupe de romarin frais haché
250 g de tomates cerises
semoule ou riz, en accompagnement
brins de romarin frais, en garniture

CONSEIL

Les tomates cerises se prêtent particulièrement bien à la cuisson au barbecue, car elles peuvent être piquées entières sur les brochettes. Leur peau empêche ainsi le jus de s'écouler.

VALEURS NUTRITIONNELLES

Calories *195* ; glucides *23 g* ; protéines *28 g* ; lipides *4 g* ; acides gras saturés *1 g*

très facile
10 minutes
10 minutes

Ce plat à l'italienne est parfumé au pistou, un mélange de basilic, d'huile d'olive, de pignons et de parmesan. Vous pouvez utiliser du pistou rouge ou vert.

Poulet grillé *et ses* toasts au pistou

4 PERSONNES

- 8 hauts de cuisse de poulet, en partie désossés
- huile d'olive, pour graisser
- 400 ml de coulis de tomates
- 120 ml de pistou, rouge ou vert
- 12 tranches de pain
- 85 g de parmesan, fraîchement râpé
- 55 g de pignons ou d'amandes effilées
- feuilles de salade, en accompagnement

1 Disposer les morceaux de poulet en une seule couche dans un plat à gratin et les enduire légèrement d'huile.

2 Passer au gril préchauffé, environ 15 minutes, en les retournant de temps en temps, jusqu'à ce qu'ils soient bien dorés et que le poulet rende un jus clair lorsqu'il est piqué dans sa partie la plus charnue à l'aide d'une brochette.

3 Ôter l'excédent de graisse. Dans une casserole, faire chauffer le coulis de tomates et la moitié du pistou, verser sur le poulet et faire griller encore quelques minutes, en retournant le poulet de sorte qu'il soit bien enrobé de sauce.

4 Étaler le pistou restant sur les tranches de pain, disposer sur le poulet et saupoudrer de parmesan. Parsemer le fromage de pignons, passer au gril 2 à 3 minutes, jusqu'à ce que les tartines soient bien gratinées, et servir accompagné de feuilles de salade.

VALEURS NUTRITIONNELLES

Calories *787* ; glucides *76 g* ; protéines *45 g* ; lipides *38 g* ; acides gras saturés *9 g*

facile

10 minutes

25 minutes

CONSEIL

Conserver la peau du poulet augmente sa teneur en matières grasses, mais de nombreuses personnes apprécient sa saveur et sa texture croustillante, surtout si elle a été passée au gril. Elle empêche aussi les sucs de s'écouler pendant la cuisson.

Parfaite pour les barbecues, pour les repas estivaux ou les piques-niques, cette recette de poulet est facile à réaliser et très savoureuse.

Pilons grillés *à la* moutarde

4 PERSONNES

10 tranches de lard fumé
1 gousse d'ail, hachée
3 cuil. à soupe de moutarde à l'ancienne
4 cuil. à soupe de chapelure complète
8 pilons de poulet
1 cuil. à soupe d'huile de tournesol
brins de persil frais, en garniture

1 Hacher 2 tranches de lard, faire revenir 3 à 4 minutes dans une poêle sans cesser de remuer, de façon à ce que le lard n'attache pas à la poêle, et retirer du feu. Incorporer l'ail, 2 cuillerées à soupe de moutarde et la chapelure.

2 Soulever délicatement la peau des pilons en évitant de la déchirer, glisser un peu de la préparation précédente dessous et rabattre la peau en la lissant bien.

3 Enrouler une tranche le lard autour de chaque pilon et la fixer à l'aide d'une pique à cocktail.

4 Mélanger la moutarde restante et l'huile, enduire les pilons de la préparation et passer au gril ou au barbecue préchauffé, à température moyenne, 25 minutes, jusqu'à ce que le poulet rende un jus clair lorsqu'il est piqué dans sa partie la plus charnue à l'aide d'une brochette.

5 Garnir de brins de persil et servir chaud ou froid.

VALEURS NUTRITIONNELLES

Calories *394* ; glucides *8 g* ; protéines *40 g* ; lipides *27 g* ; acides gras saturés *8 g*

difficulté moyenne
20 minutes
20 minutes

CONSEIL

Il ne faut pas mettre le poulet à cuire à l'endroit le plus chaud du barbecue, sinon l'extérieur risque de brûler avant que le cœur ne soit cuit.

Ces morceaux de poulet enrobés de citron vert et de miel, trempés dans une sauce au yaourt, peuvent être servis lors d'un barbecue ou d'un repas entre amis.

Poulet au citron vert *et à la* menthe

6 PERSONNES

3 cuil. à soupe de menthe finement hachée
4 cuil. à soupe de miel liquide
4 cuil. à soupe de jus de citron vert
12 hauts de cuisse de poulet, désossés
mesclun, en accompagnement

sauce

150 g de yaourt nature
1 cuil. à soupe de menthe finement hachée
2 cuil. à café de zeste de citron vert finement râpé

1 Dans une terrine, mélanger la menthe, le miel et le jus de citron vert.

2 Rouler les morceaux de poulet, les fixer à l'aide de piques à cocktail et les tremper dans la marinade, en les retournant de façon à bien les enrober.

3 Laisser mariner au moins 30 minutes, ou toute une nuit, et passer au gril ou au barbecue préchauffé, à température moyenne, en le retournant souvent et en l'arrosant régulièrement avec la marinade, jusqu'à ce qu'il rende un jus clair lorsqu'il est piqué dans sa partie la plus charnue à l'aide d'une brochette.

4 Mélanger tous les ingrédients de la sauce.

5 Retirer les piques à cocktail et servir le poulet accompagné de sauce et de mesclun.

VALEURS NUTRITIONNELLES

Calories *170* ; glucides *24 g* ; protéines *23 g* ; lipides *3 g* ; acides gras saturés *1 g*

facile
40 minutes
20 minutes

CONSEIL

Il est très facile de faire pousser de la menthe dans son jardin ou dans une jardinière. C'est une plante utile pour les marinades et les sauces de salade. Vous pouvez faire pousser ainsi le persil et le basilic.

Cette recette d'automne peut être préparée avec des mûres fraîchement cueillies, si vous avez la chance d'en trouver.

Brochettes *à la* sauce *aux* mûres

1 Dans une terrine, mettre le poulet, le vin blanc et le romarin, poivrer selon son goût et couvrir. Laisser mariner au moins 1 heure.

2 Égoutter la viande, en réservant la marinade, et la piquer sur 8 brochettes en métal ou en bois, préalablement trempées 30 minutes dans de l'eau.

3 Passer au gril préchauffé, à température moyenne, 8 à 10 minutes, en retournant de temps en temps jusqu'à ce que la viande soit bien dorée et cuite.

4 Pour la sauce, mettre la marinade dans une casserole avec les mûres, faire chauffer jusqu'à ce qu'elles soient ramollies et passer au chinois, en pressant à l'aide d'une cuillère.

5 Remettre dans la casserole avec le vinaigre de cidre et la gelée de groseilles, porter à ébullition et laisser bouillir à découvert jusqu'à réduction d'un tiers.

6 Verser de la sauce aux mûres dans les assiettes, disposer une brochette dessus et saupoudrer de noix muscade. Garnir de romarin et de mûres, et servir accompagné de salade verte.

4 PERSONNES

4 blancs de poulet ou 8 hauts de cuisse, désossés et sans la peau
4 cuil. à soupe de vin blanc sec ou de cidre
2 cuil. à soupe de romarin frais haché
poivre
200 g de mûres
1 cuil.à soupe de vinaigre de cidre
2 cuil. à soupe de gelée de groseilles
¼ de cuil. à café de noix muscade
salade verte, en accompagnement

garniture
brins de romarin
mûres

VALEURS NUTRITIONNELLES
Calories *174* ; glucides *10 g* ; protéines *27 g* ; lipides *4 g* ; acides gras saturés *1 g*

facile
1 h 15
20 minutes

CONSEIL
Si vous utilisez des fruits en boîte, n'ajoutez pas de gelée.

Ces coquelets coupés en deux puis aplatis, sont ici rehaussés d'une pointe de citron et d'estragon.

Coquelet au citron *et à* l'estragon

2 PERSONNES

2 coquelets
sel
4 brins d'estragon frais, un peu plus en garniture
1 cuil. à café d'huile
25 g de beurre
1 gousse d'ail, hachée
zeste d'un demi-citron
1 cuil. à soupe de jus de citron
sel et poivre
rondelles de citron, en garniture
pommes de terre nouvelles, en accompagnement

VALEURS NUTRITIONNELLES
Calories *449* ; glucides *7 g* ; protéines *38 g* ; lipides *30 g* ; acides gras saturés *10 g*

difficulté moyenne
20 minutes
35 minutes

1 Pour préparer les coquelets, les disposer sur une planche à découper, fendre la colonne vertébrale à l'aide de ciseaux de cuisine et écraser doucement de façon à casser les os. Saler.

2 Introduire un brin d'estragon sous la peau, de chaque côté de la poitrine.

3 Enduire les coquelets d'huile à l'aide d'un pinceau à pâtisserie et passer au gril préchauffé, en les disposant à 15 cm environ de la source de chaleur, 15 minutes environ, en les retournant à mi-cuisson jusqu'à ce qu'ils soient légèrement dorés.

4 Pour le glaçage, faire fondre le beurre dans une petite casserole, ajouter l'ail, le zeste et le jus de citron, et saler et poivrer selon son goût.

5 Enduire les coquelets de la préparation obtenue et faire cuire encore 15 minutes, en les retournant une fois et en les enduisant régulièrement de sorte qu'ils ne sèchent pas. Garnir d'estragon et de rondelles de citron, et servir accompagné de pommes de terre nouvelles.

CONSEIL
Une fois les coquelets aplatis, transpercez-les de 2 brochettes en métal de façon à ce qu'ils gardent cette forme.

Les cuisses de poulet sont cuites au barbecue et servies avec de l'aïoli, qui nous vient de Provence.

Poulet grillé *à* l'aïoli chaud

1 Piquer les morceaux de poulet en plusieurs endroits à l'aide d'une brochette et disposer dans un plat allant au four.

2 Mélanger l'huile, le jus de citron et le thym, saler et poivrer selon son goût et verser sur le poulet, en le retournant de façon à bien l'enrober. Mettre au réfrigérateur 2 heures.

3 Pour l'aïoli, mélanger l'ail et le sel de façon à obtenir une pâte, ajouter les jaunes d'œufs en battant bien et incorporer les huiles goutte à goutte, en battant vigoureusement jusqu'à ce que la mayonnaise soit lisse et crémeuse. Battre jusqu'à obtention d'une consistance épaisse, ajouter le jus de citron et poivrer. Réserver dans un endroit tiède.

4 Cuire le poulet au barbecue préchauffé, 25 à 30 minutes, enduire de marinade et retourner les morceaux de façon à ce qu'ils cuisent uniformément. Transférer dans un plat.

5 Incorporer l'eau à l'aïoli, mettre dans une saucière chaude et servir avec le poulet, une salade verte et des rondelles de citron.

4 PERSONNES

4 morceaux de poulet
2 cuil. à soupe d'huile
2 cuil. à soupe de jus de citron
2 cuil. à café de thym séché
sel et poivre
salade verte, en accompagnement
rondelles de citron, en accompagnement

aïoli

5 gousses d'ail, hachées
1 pincée de sel
2 jaunes d'œufs
120 ml d'huile d'olive
120 ml d'huile de tournesol
2 cuil. à café de jus de citron
poivre
2 cuil. à soupe d'eau, bouillante

VALEURS NUTRITIONNELLES

Calories *873* ; glucides *1 g* ; protéines *40 g* ; lipides *79 g* ; acides gras saturés *12 g*

difficulté moyenne
2 h 35
30 minutes

CONSEIL

Pour un aïoli vite fait, mettez dans une terrine l'ail et 300 ml de mayonnaise de bonne qualité. Disposez la terrine sur une casserole d'eau chaude et battez. Avant de servir, ajoutez 1 à 2 cuillerées à soupe d'eau très chaude.

Ces brochettes de poulet originales ont une saveur méditerranéenne incomparable. Le lard permet au poulet de conserver tout son moelleux.

Roulades de poulet *en* brochettes

4 PERSONNES

4 blancs de poulet, sans la peau
1 gousse d'ail, hachée
2 cuil. à soupe de concentré de tomates
4 tranches de lard maigre fumé
1 poignée de feuilles de basilic frais
sel et poivre
huile, pour enduire
salade verte, en accompagnement

1 Disposer un blanc de poulet entre deux feuilles de film alimentaire, l'aplatir à l'aide d'un rouleau à pâtisserie jusqu'à obtention d'une épaisseur uniforme, et répéter l'opération avec les blancs restants.

2 Mélanger l'ail et le concentré de tomates, et étaler uniformément la préparation obtenue sur le poulet.

3 Disposer une tranche de lard sur chaque blanc, garnir de feuilles de basilic et saler et poivrer selon son goût.

4 Rouler les blancs, les couper en tranches épaisses à l'aide d'un couteau tranchant et les piquer sur 4 brochettes, en veillant à ce qu'elles gardent leur forme.

5 Enduire légèrement les brochettes d'huile et passer au gril ou au barbecue préchauffé, à haute température, 5 minutes. Retourner les brochettes, cuire encore 5 minutes, jusqu'à cuisson complète du poulet, et servir chaud accompagné d'une salade verte.

VALEURS NUTRITIONNELLES

Calories *231* ; glucides *2 g* ; protéines *29 g* ; lipides *13 g* ; acides gras saturés *5 g*

facile
15 minutes
10 minutes

CONSEIL

Pour accentuer le côté méditerranéen de ces brochettes, servez-les avec du pain à l'ail saupoudré de parmesan.

Le ketchup est très utilisé pour confectionner des plats orientaux car il confère un petit goût aigre-doux.

Poulet *à la* philippine

1 Dans une terrine, mélanger la limonade, le gin, le ketchup, le sel à l'ail et la sauce Worcester, et saler et poivrer selon son goût.

2 Disposer les morceaux de poulet dans le plat et les couvrir complètement de marinade.

3 Laisser mariner au réfrigérateur 2 heures, sortir du réfrigérateur et laisser reposer couvert à température ambiante, environ 30 minutes.

4 Cuire le poulet au barbecue, sur des braises pas trop chaudes, 20 minutes, en retournant une fois à mi-cuisson.

5 Retirer la viande cuite du barbecue et laisser reposer 3 à 4 minutes avant de servir.

6 Servir accompagné de nouilles, garni de piment rouge et d'oignons verts émincés.

CONSEIL

Faire cuire le poulet alors qu'il est à température ambiante permet de ne pas trop prolonger le temps de cuisson et, ainsi, de conserver tout son moelleux.

4 PERSONNES

400 ml de limonade ou limonade au citron vert
2 cuil. à soupe de gin
4 cuil. à soupe de ketchup
2 cuil. à café de sel à l'ail
2 cuil. à café de sauce Worcester
sel et poivre
4 blancs ou suprêmes de poulet

accompagnement

nouilles aux œufs, cuites
1 piment rouge, finement émincé
2 oignons verts, émincés

VALEURS NUTRITIONNELLES

Calories *194* ; glucides *15 g* ; protéines *28 g* ; lipides *4 g* ; acides gras saturés *1 g*

facile
2 h 45
20 minutes

Ces succulentes brochettes de poulet sont enduites d'un glaçage au citron vert. Elles conviennent parfaitement pour un repas léger.

Brochettes *de* poulet *au* citron vert

4 PERSONNES

- 4 filets de poulet d'environ 125 g chacun, sans la peau
- 3 cuil. à soupe de marmelade de citron vert
- 1 cuil. à café de vinaigre de vin blanc
- 1/2 cuil. à café de zeste de citron vert râpé
- 1 cuil. à soupe de jus de citron vert
- sel et poivre

accompagnement

- quartiers de citron vert
- riz blanc, saupoudré de poudre de piment

sauce

- 1 petite mangue, pelée, dénoyautée et coupée en dés
- 1 petit oignon rouge, finement haché
- 1 cuil. à soupe de jus de citron vert
- 1 cuil. à soupe de coriandre fraîche hachée
- sel et poivre

1 Couper les filets de poulet en fines lamelles et les piquer en accordéon sur 8 brochettes.

2 Mélanger la marmelade, le vinaigre, le zeste et le jus de citron, et saler et poivrer selon son goût.

3 Disposer les brochettes de poulet sur une grille, enduire avec la préparation précédente à l'aide d'un pinceau et passer au gril préchauffé 5 minutes. Retourner les brochettes, enduire de nouveau avec la préparation et cuire encore 4 à 5 minutes, jusqu'à ce que la viande soit cuite.

4 Pour la sauce, mélanger la mangue, l'oignon, le jus de citron vert et la coriandre hachée, saler et poivrer selon son goût, et couvrir. Réserver au frais.

5 Servir les brochettes et la sauce, accompagnées de quartiers de citron vert et de riz blanc nature, saupoudré de poudre de piment.

VALEURS NUTRITIONNELLES

Calories *199* ; glucides *28 g* ; protéines *28 g* ; lipides *4 g* ; acides gras saturés *1 g*

facile

15 minutes

10 minutes

CONSEIL

Huiler les brochettes en métal ou tremper les brochettes en bambou dans l'eau avant de piquer les morceaux de poulet, de façon à éviter qu'ils attachent.

Le poulet tikka est un célèbre plat indien, pauvre en matières grasses. Il en existe de nombreuses variantes mais le mieux est encore d'ajuster le mélange d'épices en fonction de vos goûts.

Brochettes *de* poulet tikka

1 Mettre le poulet dans un plat peu profond. Mélanger l'ail, le gingembre, le piment, le yaourt, le coulis de tomate et les épices, saler et poivrer selon son goût, et répartir la préparation sur le poulet. Couvrir et mettre au réfrigérateur 2 heures.

2 Passer les dés de mangue dans le jus de citron, couvrir et réserver au réfrigérateur.

3 Sur 8 brochettes métalliques, piquer les morceaux de poulet et de mangue, en alternant, disposer les brochettes sur une grille de four et enduire de marinade et de jus de citron.

4 Passer au gril préchauffé, à température moyenne, 6 à 7 minutes, retourner les brochettes et enduire de nouveau le poulet. Cuire encore 6 à 7 minutes.

5 Servir les brochettes sur un lit de riz blanc, dans une assiette chaude, garni de coriandre et de quartiers de citron, et accompagné de mesclun et de naan.

4 PERSONNES

4 blancs de poulet d'environ 125 g, sans la peau et découpés en dés de 2,5 cm
1 gousse d'ail, hachée
1 cuil. à café de gingembre râpé
1 piment vert, épépiné et finement haché
6 cuil. à soupe de yaourt nature allégé
1 cuil. à soupe de coulis de tomates
1 cuil. à café de cumin en poudre
1 cuil. à café de coriandre en poudre
1 cuil. à café de curcuma
sel et poivre
1 grosse mangue bien mûre, pelée, dénoyautée et coupée en dés
1 cuil. à soupe de jus de citron vert
brins de coriandre fraîche, en garniture

Accompagnement
riz blanc
quartiers de citron
mesclun
naan (pain indien)

VALEURS NUTRITIONNELLES
Calories *191* ; glucides *16 g* ; protéines *30 g* ; lipides *4 g* ; acides gras saturés *2 g*

facile
2 h 15

Vous pouvez utiliser toutes les parties du poulet dans cette recette. Les cuisses sont économiques pour des grands barbecues, mais vous pouvez aussi utiliser des ailes ou des pilons.

Poulet *au* sirop d'érable

4 PERSONNES

12 hauts de cuisses de poulet, désossées
5 cuil. à soupe de sirop d'érable
1 cuil. à soupe de sucre en poudre
zeste râpé et jus d'une demi-orange
2 cuil. à soupe de ketchup
2 cuil. à café de sauce Worcester

garniture

rondelles d'orange
brins de persil plat

accompagnement

focaccia
feuilles de salade
tomates cerises, coupées en quartiers

1 À l'aide d'un couteau tranchant, pratiquer 2 ou 3 incisions dans le poulet et disposer dans un plat non métallique peu profond.

2 Pour la marinade, mélanger le sirop d'érable, le sucre, le jus et le zeste d'orange, le ketchup et la sauce Worcester.

3 Verser la marinade sur le poulet, remuer de sorte qu'il soit bien enrobé et couvrir de film alimentaire. Réserver au réfrigérateur.

4 Égoutter le poulet, en réservant la marinade pour la cuisson.

5 Cuire le poulet au barbecue, au-dessus de braises chaudes, 20 minutes, retourner et enduire de marinade de temps en temps, de façon à éviter qu'il brûle.

6 Transférer le poulet dans des assiettes, garnir de rondelles d'oranges cuites et de brins de persil plat, et servir immédiatement accompagné de focaccia, de feuilles de salade et de tomates cerises.

VALEURS NUTRITIONNELLES

Calories *122* ; glucides *33 g* ; protéines *11 g* ; lipides *1 g* ; acides gras saturés *1 g*

difficulté moyenne
35 minutes
20 minutes

Le poulet est mariné dans du lait de coco aromatisé avant d'être cuit au barbecue. Utilisez des feuilles de laurier à défaut de feuilles de lime kafir.

Brochettes de poulet *à la* thaïlandaise

1 Pour la marinade, mettre la pâte de curry rouge dans une petite casserole, faire cuire 1 minute à feu moyen et ajouter la moitié du lait de coco. Porter à ébullition et laisser frémir 2 à 3 minutes, jusqu'à ce que le liquide ait réduit de deux tiers environ.

2 Retirer la casserole du feu, ajouter le lait de coco restant et laisser refroidir.

3 Incorporer le poulet à la marinade, couvrir et mettre au réfrigérateur au moins 2 heures.

4 Retirer les morceaux de poulet de la marinade et les piquer sur des brochettes, en alternant avec les légumes et les feuilles de lime kafir.

5 Mélanger l'huile et le jus de citron vert dans une terrine, enduire les brochettes de la préparation obtenue et cuire au barbecue au-dessus de braises chaudes, 10 à 15 minutes, en retournant et en enduisant fréquemment d'huile citronnée, cuire les tomates au barbecue et servir avec les brochettes.

4 PERSONNES

4 blancs de poulet, sans la peau et coupés en dés de 2,5 cm
1 oignon, épluché et coupé en quartiers
1 gros poivron rouge, épépiné et coupé en dés de 2,5 cm
1 gros poivron jaune, épépiné et coupé en dés de 2,5 cm
12 feuilles de lime kafir
2 cuil. à soupe d'huile de tournesol
2 cuil. à soupe de jus de citron vert
tomates coupées en deux, en accompagnement

marinade

1 cuil. à soupe de pâte de curry rouge thaï
150 ml de lait de coco en boîte

VALEURS NUTRITIONNELLES

Calories *218* ; glucides *9 g* ; protéines *28 g* ; lipides *10 g* ; acides gras saturés *2 g*

facile

2 h 15

[illegible] minutes

CONSEIL

Faire cuire la marinade avant d'y tremper le poulet permet de rehausser les saveurs. Il est important de la laisser refroidir car des bactéries peuvent se développer si elle est encore chaude quand on y ajoute le poulet.

Ces délicieuses brochettes de poulet à la banane et au lard sont ici servies avec du maïs.

Brochettes *de* poulet Maryland

4 PERSONNES

1 cuil. à soupe de vinaigre de vin blanc
1 cuil. à soupe de jus de citron, un peu plus pour enduire
1 cuil. à soupe de sirop de sucre de canne ou de miel
6 cuil. à soupe d'huile d'olive
1 gousse d'ail, hachée
sel et poivre
8 cuisses de poulet, sans la peau, désossées et coupées en bouchées
4 tranches de lard fumé, découenné
2 bananes, coupées en tronçons de 2,5 cm

accompagnement
4 épis de maïs
chutney à la mangue

1 Dans une terrine, mélanger le vinaigre, le jus de citron, le sirop de sucre de canne, l'huile et l'ail, saler et poivrer selon son goût et ajouter le poulet. Remuer de sorte qu'il soit bien enrobé, couvrir et laisser mariner 1 à 2 heures.

2 Étirer les tranches de lard à l'aide d'un couteau, couper chaque tranche en deux et enduire les tronçons de banane de jus de citron, de façon à éviter qu'elles noircissent. Envelopper chaque morceau de banane de lard.

3 Égoutter le poulet, en réservant la marinade pour la cuisson, et piquer les morceaux de poulet et de bananes sur des brochettes, en alternant.

4 Faire cuire les brochettes au barbecue au-dessus de braises chaudes, 8 à 10 minutes, jusqu'à ce que le poulet soit bien cuit, en enduisant les brochettes de marinade et en les retournant fréquemment.

5 Servir avec les épis de maïs et le chutney à la mangue.

VALEURS NUTRITIONNELLES
Calories *443* ; glucides *30 g* ; protéines *37 g* ; lipides *26 g* ; acides gras saturés *6 g*

difficulté moyenne
2 h 30
10 minutes

CONSEIL

Pour une recette plus rapide à préparer, ne faites pas mariner la viande et placez le poulet 20 minutes sur des braises très chaudes, en l'enduisant de marinade.

Économiques et savoureuses, ces brochettes de foies de poulet constituent un plat léger et sain pour le repas de midi ou pour un repas estival entre amis.

Brochettes *de* foies de volaille

1 Pour la marinade, mélanger le xérès, l'huile, la moutarde, le sel et le poivre dans un plat peu profond, ajouter les foies et bien remuer. Laisser mariner 3 à 4 heures.

2 Pour la mayonnaise à l'ancienne, incorporer la moutarde à la mayonnaise et mettre au réfrigérateur.

3 Étirer le lard à l'aide d'un couteau et découper chaque tranche en deux. Égoutter les foies, en réservant la marinade pour la cuisson, envelopper la moitié des foies de lard et piquer les rouleaux obtenus sur des brochettes en bois préalablement trempées, en alternant avec les morceaux de foie restants.

4 Cuire au barbecue, au-dessus de braises très chaudes, 10 à 12 minutes, en retournant et en enduisant fréquemment de marinade.

5 Couper le pain en quatre et faire griller au barbecue.

6 Garnir le pain grillé de feuilles d'épinards, disposer les brochettes sur le pain et napper de mayonnaise. Servir immédiatement.

4 PERSONNES

400 g de foies de volaille, parés, lavés et coupés en cubes de 5 cm
3 tranches de lard, découennées
1 ciabatta ou 1 baguette
225 g de jeunes pousses d'épinards, lavées

marinade

150 ml de xérès sec
4 cuil. à soupe d'huile d'olive
1 cuil. à café de moutarde à l'ancienne
sel et poivre

mayonnaise à l'ancienne

1 cuil. à café de moutarde à l'ancienne
8 cuil. à soupe de mayonnaise

VALEURS NUTRITIONNELLES

Calories *767* ; glucides 54 *g* ; protéines *31 g* ; lipides *43 g* ; acides gras saturés *8 g*

difficulté moyenne

4 h 30

[illegible]

Plats épicés

Le poulet étant apprécié dans le monde entier, il entre dans la composition de plats épicés venus de partout : Antilles, Asie, Espagne, Mexique, etc. Le jus de citron vert, la cacahuète, la noix de coco et le piment donnent sa saveur typiquement thaïlandaise au poulet pimenté à la noix de coco. Le poulet du Cachemire est un plat riche et relevé du nord de l'Inde, cuit avec un mélange de yaourt, de pâte de curry tikka, de cumin, de gingembre, de piment et d'amandes. D'Espagne nous vient le poulet aux crevettes, avec son association de poulet, de fruits de mer et de chorizo, cuits dans une sauce à l'ail, aux tomates et au vin blanc. Le poulet à l'abricot et au cumin est un plat original, idéal pour les grandes occasions : le poulet est farci avec des abricots secs, enduit d'un mélange de yaourt, de cumin et de curcuma, et servi avec du riz aux amandes. Ce chapitre contient même une recette japonaise, le teppanyaki, du poulet et des légumes frits, servis avec une sauce au mirin.

Voici un savoureux plat combinant avec subtilité des épices telles que l'anis étoilé, le gingembre et la coriandre en poudre. Servez ce plat accompagné de riz.

Poulet aux poivrons *et aux* amandes

4 PERSONNES

25 g de beurre
90 ml d'huile
4 blancs de poulet, sans la peau et coupés en morceaux de 4 cm
1 oignon, grossièrement haché
1 morceau de gingembre frais de 2 cm
3 gousses d'ail, épluchées
25 g d'amandes, mondées
1 gros poivron rouge, épépiné et grossièrement haché
1 cuil. à soupe de cumin en poudre
2 cuil. à café de coriandre en poudre
1 cuil. à café de curcuma en poudre
1 pincée de poivre de Cayenne
½ cuil. à café de sel
150 ml d'eau
3 cosses d'anis étoilé
2 cuil. à soupe de jus de citron
poivre
amandes effilées, en garniture
riz, en accompagnement

VALEURS NUTRITIONNELLES
Calories *421* ; glucides *12 g* ; protéines *33 g* ; lipides *30 g* ; acides gras saturés *6 g*

difficulté moyenne
20 minutes
50 minutes

1 Dans une poêle, faire chauffer le beurre et 1 cuillerée à soupe d'huile, ajouter les blancs de poulet et faire dorer 5 minutes. Transférer le poulet dans une assiette et réserver au chaud.

2 Dans un robot de cuisine, mixer l'oignon, le gingembre, l'ail, les amandes, le poivron, le cumin, la coriandre, le curcuma, le poivre de Cayenne et le sel, jusqu'à obtention d'une pâte homogène.

3 Dans une cocotte ou une sauteuse, faire chauffer l'huile restante, ajouter la préparation précédente et faire cuire 10 à 12 minutes.

4 Ajouter les blancs de poulet, l'eau, l'anis étoilé, le jus de citron et le poivre, réduire le feu et couvrir. Laisser mijoter 25 minutes, jusqu'à ce que le poulet soit tendre, en remuant de temps en temps.

5 Transférer le poulet dans un plat, parsemer d'amandes effilées et servir avec des portions individuelles de riz moulé.

Servez ce curry fruité avec du chutney à la mangue et des pains naan. Les mangues ou les poires remplacent très bien l'ananas.

Curry de poulet à l'ail *et aux* fruits

1 Dans une poêle, faire chauffer l'huile, enrober le poulet de farine et faire revenir environ 4 minutes, jusqu'à ce qu'il soit doré. Transférer dans une cocotte et réserver au chaud.

2 Faire revenir les échalotes, l'ail, les pommes, l'ananas et le raisin dans le jus de cuisson à feu doux.

3 Ajouter le miel, mouiller avec le bouillon et incorporer la sauce Worcester et la pâte de curry. Saler et poivrer selon son goût.

4 Verser la sauce sur le poulet et couvrir la cocotte avec un couvercle ou du papier d'aluminium.

5 Cuire au four préchauffé en disposant la cocotte à mi-hauteur, à 180 °C (th. 6), environ 2 heures. Incorporer la crème aigre, cuire encore 15 minutes et servir accompagné de riz et garni d'une rondelle d'orange.

4 À 6 PERSONNES

1 cuil. à soupe d'huile
900 g de poulet, coupé en dés
55 g de farine, assaisonnée
32 échalotes, grossièrement hachées
4 gousses d'ail, hachées avec un peu d'huile d'olive
3 pommes à cuire, coupées en dés
1 ananas, coupé en dés
125 g de raisin de Smyrne
1 cuil. à soupe de miel liquide
300 ml de bouillon de poulet
2 cuil. à soupe de sauce Worcester
3 cuil. à soupe de pâte de curry fort
sel et poivre
150 ml de crème aigre
riz, en accompagnement
rondelles d'orange, en garniture

VALEURS NUTRITIONNELLES

Calories *666* ; glucides *129 g* ; protéines *57 g* ; lipides *19 g* ; acides gras saturés *6 g*

difficulté moyenne
25 minutes

CONSEIL

Le riz à la noix de coco constitue un accompagnement idéal pour ce plat.

Servez ces tortillas simples à préparer lors d'un petit repas en famille ou entre amis. La garniture au poulet a un petit goût épicé et la salade fraîche constitue un parfait accompagnement.

Tortillas *au* poulet

4 PERSONNES

- 2 cuil. à soupe d'huile
- 8 hauts de cuisse de poulet, désossés, sans la peau et émincés
- 1 oignon, haché
- 2 gousses d'ail, hachées
- 1 cuil. à café de graines de cumin, grossièrement pilées
- 2 gros piments, coupés en lanières
- 400 g de tomates en boîte
- 400 g de haricots rouges en boîte, rincés et égouttés
- 2 cuil. à café de sucre
- 150 ml de bouillon de poulet
- sel et poivre
- quartiers de citron vert, en garniture

accompagnement

- 1 gros avocat bien mûr, dénoyauté
- 1 citron vert
- 8 tortillas
- 250 ml de yaourt nature épais

VALEURS NUTRITIONNELLES

Calories *650* ; glucides *62 g* ; protéines *48 g* ; lipides *31 g* ; acides gras saturés *10 g*

facile

10 minutes

35 minutes

1 Dans une poêle ou un wok, faire chauffer l'huile, ajouter le poulet et faire revenir 3 minutes, jusqu'à ce qu'il soit doré. Ajouter l'oignon, faire revenir 5 minutes sans cesser de remuer jusqu'à ce qu'il soit doré, et ajouter l'ail, le cumin et les piments avec leurs graines. Faire revenir environ 1 minute.

2 Ajouter les tomates, les haricots et le sucre, mouiller avec le bouillon et saler et poivrer selon son goût. Porter à ébullition, en concassant les tomates, couvrir et laisser mijoter 15 minutes. Découvrir et faire cuire 5 minutes, en remuant de temps en temps, jusqu'à ce que la sauce épaississe.

3 Écraser l'avocat à l'aide d'une fourchette, couper la moitié du citron vert en 8 quartiers et presser l'autre moitié sur l'avocat.

4 Faire chauffer les tortillas selon les instructions figurant sur le paquet, disposer 2 tortillas dans chaque assiette et garnir de préparation à base de poulet. Disposer des cuillerées d'avocat et de yaourt sur la préparation, décorer de quartiers de citron vert et servir.

CONSEIL

Pour une garniture végétarienne, remplacez le poulet par 400 g de haricots pinto ou borlotti en boîte, et le bouillon de poulet par du bouillon de légumes.

Ce plat est un repas complet cuit dans une seule casserole pour plus de facilité. Si vous cuisinez pour une seule personne, divisez simplement les quantités, le temps de cuisson reste le même.

Poulet cajun *aux* gombos

1 Dans une casserole, faire chauffer l'huile, ajouter le poulet et faire revenir jusqu'à ce qu'il soit doré. Réserver le poulet, ajouter l'oignon, le céleri et le poivron dans la casserole et faire revenir 1 minute. Ôter l'excédent de graisse.

2 Ajouter le riz, faire revenir 1 minute sans cesser de remuer et mouiller avec le bouillon. Porter à ébullition.

3 Incorporer le piment, les gombos et le concentré de tomates, et saler et poivrer selon son goût.

4 Remettre le poulet dans la casserole, remuer et couvrir. Laisser mijoter 15 minutes jusqu'à ce que le riz soit tendre, le poulet complètement cuit et le liquide absorbé, en remuant de temps en temps et en ajoutant éventuellement du bouillon si le mélange se dessèche trop.

2 PERSONNES

1 cuil. à soupe d'huile de tournesol
4 cuisses de poulet
1 petit oignon, coupé en dés
2 branches de céleri, coupées en dés
1 petit poivron vert, épépiné et coupé en dés
85 g de riz long grain
300 ml de bouillon de poulet
1 petit piment rouge, finement émincé
250 g de gombos
15 ml de concentré de tomates
sel et poivre

VALEURS NUTRITIONNELLES

Calories *425* ; glucides *56 g* ; protéines *34 g* ; lipides *12 g* ; acides gras saturés *3 g*

facile

10 minutes

CONSEIL

Vous pouvez remplacer le poulet par 250 grammes de crevettes pelées et 90 grammes de poitrine de porc émincée. Faites revenir le porc dans l'huile, ajoutez

Simple à réaliser, ce plat fait un bon repas à préparer en milieu de semaine. Utilisez des chips de tortilla au lieu des tortillas, si vous préférez.

Chilaquile de poulet *à la* salsa verde

4 À 6 PERSONNES

12 tortillas rassises, découpées en lanières
1 cuil. à soupe d'huile
1 petit poulet, cuit, désossé et coupé en dés
350 g de fromage râpé (cheddar, manchego ou mozzarella, par exemple)
3 cuil. à soupe de coriandre fraîche hachée
1 cuil. à café d'origan ou de thym frais haché
4 gousses d'ail, finement hachées
¼ de cuil. à café de cumin en poudre
450 ml de bouillon de poulet
115 g de parmesan frais, râpé

salsa verde

400 g de tomates vertes, finement hachées
1 ou 2 piments verts, épépinés et hachés
1 poivron vert, épépiné et haché
1 petit oignon, haché
1 botte de coriandre fraîche, finement hachée
½ cuil. à café de cumin en poudre
sel

VALEURS NUTRITIONNELLES

Calories *682* ; glucides *27 g* ; protéines *60 g* ; lipides *38 g* ; acides gras saturés *20 g*

facile
20 minutes
1 heure

1 Disposer les lanières de tortilla dans un plat allant au four, arroser d'huile et cuire au four préchauffé, à 190 °C (th. 6-7), environ 30 minutes, jusqu'à ce qu'elles soient bien dorées.

2 Dans une terrine, mélanger les ingrédients de la salsa verde et saler selon son goût.

3 Disposer le poulet dans un plat de 20 x 30 cm, ajouter du fromage râpé, la moitié de la salsa, de la coriandre, de l'origan, de l'ail et le cumin. Répéter l'opération, de façon à obtenir une seconde couche, et couvrir de lanières de tortilla.

4 Verser le bouillon et ajouter le fromage râpé restant.

5 Cuire au four préchauffé, à 190 °C (th. 6-7), 30 minutes, jusqu'à ce que le fromage commence à dorer.

CONSEIL

Servez accompagné de crème aigre, d'oignons verts finement émincés et de piments en saumure.

L'ail rôti et les épices de ce poulet mijoté, spécialité de Valladolid, au Mexique, vous feront voyager vers la péninsule du Yucatan.

Poulet *à la* sauce du Yucatan

1 Mettre le poulet dans une casserole, couvrir de bouillon et porter à ébullition. Réduire le feu, laisser frémir 5 minutes et retirer du feu. Laisser le poulet refroidir dans le bouillon, de sorte que la cuisson se prolonge.

2 Dans une poêle, faire revenir les gousses d'ail jusqu'à ce qu'elles soient dorées à l'extérieur et tendres à l'intérieur, retirer du feu et laisser refroidir. Presser la chair hors des gousses et réserver dans une terrine.

3 Écraser l'ail avec le poivre, le clous de girofle, le sel, le jus de limette, l'origan et les trois quarts des graines de cumin, et incorporer la farine.

4 Retirer les morceaux de poulet du bouillon, les égoutter sur du papier absorbant et réserver le bouillon. Enrober le poulet des deux tiers de la préparation précédente et réserver 30 minutes à température ambiante ou une nuit au réfrigérateur.

5 Faire revenir les oignons et les piments dans un peu d'huile, jusqu'à ce qu'ils soient dorés et tendres, ajouter le vinaigre et le cumin restant, et faire cuire quelques minutes. Mouiller avec le bouillon réservé, ajouter la préparation à base d'ail restante et laisser bouillir environ 10 minutes, sans cesser de remuer, jusqu'à ce que la préparation réduise.

6 Enrober les morceaux de poulet de farine, faire chauffer l'huile restante dans une poêle et faire frire le poulet jusqu'à ce qu'il soit légèrement doré. Retirer de la poêle et servir, garni de sauce aux oignons.

4 À 6 PERSONNES

8 petites cuisses de poulet, désossées
bouillon de poulet
15 à 20 gousses d'ail, non pelées
1 cuil. à café de poivre noir grossièrement moulu
½ cuil. à café de clou de girofle en poudre
½ cuil. à café de sel
1 cuil. à soupe de jus de limette
2 cuil. à café d'origan séché, ou ½ cuil. à café de laurier en poudre
1 cuil. à café de graines de cumin, légèrement grillés
1 cuil. à soupe de farine, un peu plus pour enrober le poulet
3 ou 4 oignons, finement émincés
2 piments jaunes doux, de préférence guero, ou piments turcs ou grecs équivalents, épépinés et émincés
120 ml d'huile
100 ml de vinaigre de cidre ou de xérès

VALEURS NUTRITIONNELLES

Calories *313* ; glucides *20 g* ; protéines *15 g* ; lipides *22 g* ; acides gras saturés *3 g*

difficulté moyenne

1 heure

Piments, tomates et maïs sont les ingrédients traditionnels des plats mexicains.

Poulet *à la* mexicaine

4 PERSONNES

2 cuil. à soupe d'huile
8 pilons de poulet
1 oignon, finement émincé
1 cuil. à café de poudre de piment
1 cuil. à café de coriandre hachée
400 g de tomates concassées en boîte
2 cuil. à soupe de concentré de tomates
125 g de maïs surgelé
sel et poivre
riz cuit, en accompagnement
salade de poivrons, en accompagnement

1 Dans une poêle, faire chauffer l'huile, ajouter les pilons de poulet et faire cuire à feu moyen, jusqu'à ce qu'ils soient légèrement dorés. Retirer de la poêle et réserver.

2 Ajouter l'oignon, faire revenir 3 à 4 minutes, jusqu'à ce qu'il soit tendre, et incorporer la poudre de piment et la coriandre. Faire revenir quelques secondes, sans cesser de remuer, de façon à éviter que les épices brûlent, ajouter les tomates et le concentré de tomates, et bien mélanger.

3 Remettre le poulet dans la poêle, laisser mijoter 20 minutes jusqu'à ce que la viande soit tendre et cuite, et ajouter le maïs. Faire cuire encore 3 à 4 minutes et saler et poivrer selon son goût.

4 Servir avec du riz blanc et une salade de poivrons.

VALEURS NUTRITIONNELLES

Calories *207* ; glucides *21 g* ; protéines *18 g* ; lipides *9 g* ; acides gras saturés *2 g*

facile
5 minutes
35 minutes

CONSEIL

Habituellement, on ne congèle pas les plats mexicains car les saveurs épicées s'intensifient avec la congélation. De plus, si vous les conservez trop longtemps, un goût déplaisant de moisi pourrait se développer.

Ce délicieux plat de poulet est rapide et simple à réaliser. Accompagné de légumes croquants, il regorge de saveurs.

Poulet *à la* sauce de soja noire

1 Dans une terrine, mettre le poulet, ajouter le sel et la maïzena, et couvrir d'eau. Laisser tremper 30 minutes.

2 Dans un wok ou une sauteuse, faire chauffer 1 cuillerée à soupe d'huile, ajouter le poulet et faire revenir 4 minutes. Transférer dans un plat de service chaud et nettoyer le wok.

3 Verser l'huile restante dans le wok, ajouter l'ail, la sauce de soja noire, les poivrons vert et rouge, le piment, les champignons, l'oignon et les oignons verts, et faire revenir 2 minutes. Remettre le poulet dans le wok.

4 Ajouter les ingrédients de l'assaisonnement, faire cuire encore 3 minutes en liant avec la maïzena délayée et servir accompagné de nouilles fraîches.

4 PERSONNES

425 g de blanc de poulet, coupé en lanières
1 pincée de sel
1 pincée de maïzena
2 cuil. à soupe d'huile
1 gousse d'ail, hachée
1 cuil. à soupe de sauce de soja noire
1 poivron vert et 1 poivron rouge frais, épépinés et coupés en lanières
1 piment rouge, finement émincé
75 g de champignons, émincés
1 oignon, émincé
6 oignons verts, émincés
nouilles fraîches, en accompagnement

assaisonnement

1/2 cuil. à café de sel
1/2 cuil. à café de sucre
3 cuil. à soupe de bouillon de poulet
1 cuil. à soupe de sauce de soja épaisse
2 cuil. à soupe de bouillon de bœuf
2 cuil. à soupe d'alcool de riz
1 cuil. à café de maïzena, délayée dans un peu d'alcool de riz

VALEURS NUTRITIONNELLES

Calories *205* ; glucides *10 g* ; protéines *25 g* ; lipides *9 g* ; acides gras saturés *2 g*

difficulté moyenne

40 minutes

CONSEIL

Vous trouverez de la sauce de soja noire dans les magasins spécialisés et dans de nombreux supermarchés. Utilisez des nouilles sèches si vous ne trouvez pas

Ce mode de cuisson japonais, très simple, est idéal pour accommoder le poulet en fines lanières. Le mirin, vin de riz doux, se trouve dans les magasins orientaux.

Teppanyaki

4 PERSONNES

- 1 poivron rouge, épépiné et coupé en fines lanières
- 1 poivron vert, épépiné et coupé en fines lanières
- 4 oignons verts, finement émincés
- 8 mini-épis de maïs, émincés
- 100 g de germes de soja
- 4 filets de poulet, coupé en fines lanières
- 1 cuil. à soupe d'huile de sésame ou de tournesol
- 4 cuil. à soupe de sauce de soja
- 4 cuil. à soupe de mirin (vin de riz doux)
- 1 cuil. à soupe de gingembre râpé

1 Disposer les poivrons, les oignons verts, le maïs et les germes de soja sur une assiette avec le poulet.

2 Faire chauffer une poêle, huiler et ajouter les légumes et le poulet par petites quantités, en les espaçant bien de sorte qu'ils puissent cuire complètement.

3 Mélanger la sauce de soja, le mirin et le gingembre et servir en accompagnement du poulet et des légumes.

VALEURS NUTRITIONNELLES

Calories *206* ; glucides *10 g* ; protéines *30 g* ; lipides *7 g* ; acides gras saturés *2 g*

facile

10 minutes

10 minutes

CONSEIL

Vous pouvez utiliser la sauce comme marinade mais ne laissez pas le poulet mariner plus de 2 heures car la sauce de soja rendrait la viande sèche. Vous pouvez utiliser d'autres légumes (petits pois ou carottes coupées en fines lanières).

Ce plat exotique peut être préparé avec tous les morceaux du poulet, mais les pilons sont les plus adaptés à une cuisson rapide. La noix de coco râpée ajoute une saveur délicieusement tropicale.

Poulet *à* l'antillaise

1 À l'aide d'un couteau tranchant, pratiquer des incisions dans les pilons à intervalles réguliers, et transférer dans une terrine.

2 Arroser de jus de citron, saupoudrer de poivre de Cayenne et couvrir. Mettre au réfrigérateur 2 heures ou toute une nuit.

3 Égoutter le poulet à l'aide d'une écumoire, en réservant la marinade, faire chauffer l'huile dans une poêle et faire revenir le poulet, sans cesser de remuer, jusqu'à ce qu'il soit doré. Incorporer la marinade, le zeste de citron vert, la mangue et le sucre.

4 Couvrir la poêle et laisser mijoter 15 minutes, en remuant de temps en temps, jusqu'à ce que le poulet rende un jus clair lorsqu'il est piqué dans sa partie la plus charnue à l'aide d'une brochette. Saupoudrer de noix de coco râpée, garnir de quartiers de citron et de coriandre fraîche, et servir.

4 PERSONNES

8 pilons de poulet, sans la peau
zeste râpé et jus de 2 citrons verts
1 cuil. à café de poivre de Cayenne
1 cuil. à soupe d'huile de tournesol
2 mangues, dénoyautées et coupées en tranches
2 cuil. à soupe de sucre de canne

garniture

2 cuil. à soupe de noix de coco, grossièrement râpée
quartiers de citrons verts
brins de coriandre fraîche

VALEURS NUTRITIONNELLES

Calories *283* ; glucides *42 g* ; protéines *24 g* ; lipides *12 g* ; acides gras saturés *3 g*

facile
2 h 20

CONSEIL

Quand vous achetez des mangues, rappelez-vous que la couleur de la peau des mangues mûres peut aller du vert au rouge clair, et leur chair du jaune pâle à

Ce plat original de poulet et de fruits de mer, typiquement espagnol, est à base de tomates et d'oignons cuits dans l'huile d'olive, avec de l'ail et des poivrons.

Poulet *aux* crevettes *et au* chorizo

4 PERSONNES

1 cuil. à soupe d'huile d'olive
4 morceaux de poulet
1 poivron rouge, épépiné et coupé en rondelles
1 oignon, émincé
2 gousses d'ail, hachées
400 g de tomates concassées en boîte
200 ml de vin blanc sec
4 cuil. à soupe d'origan frais haché
sel et poivre
125 g de chorizo, finement émincé
125 g de crevettes, décortiquées
riz, en accompagnement

VALEURS NUTRITIONNELLES
Calories *470* ; glucides *19 g* ; protéines *52 g* ; lipides *21 g* ; acides gras saturés *6 g*

facile
20 minutes
1 heure

1 Dans une poêle, faire chauffer l'huile, ajouter le poulet et faire revenir en remuant de temps en temps, jusqu'à ce qu'il soit doré.

2 Ajouter le poivron et l'oignon dans la poêle et faire revenir à feu doux.

3 Ajouter l'ail, les tomates, le vin et l'origan, saler et poivrer selon son goût, et porter à ébullition. Réduire le feu, couvrir et laisser mijoter 45 minutes, jusqu'à ce que le poulet soit tendre et qu'il rende un jus clair lorsqu'il est piqué dans sa partie la plus charnue à l'aide d'une brochette.

4 Ajouter le chorizo dans la poêle avec les crevettes, laisser mijoter encore 5 minutes et rectifier l'assaisonnement. Servir accompagné de riz.

CONSEIL

Le chorizo est une saucisse sèche espagnole à base de porc et d'épices fortes telles que le poivre de Cayenne et le piment. On le trouve facilement dans le commerce.

Pour ce plat très célèbre, des bouchées de poulet sont marinées dans une sauce onctueuse au yaourt, à l'ail et aux épices.

Poulet tikka

1 Dans une terrine, mélanger le gingembre, l'ail, la coriandre, le cumin et la poudre de piment.

2 Ajouter le yaourt, le sel, le jus de citron, le colorant rouge et le concentré de tomates.

3 Ajouter le poulet, bien remuer et laisser mariner 3 heures ou toute une nuit.

4 Mettre l'oignon dans un plat allant au four et verser la moitié de l'huile.

5 Répartir le poulet sur les oignons et passer au gril préchauffé, 30 minutes, en retournant les morceaux à mi-cuisson et en arrosant avec l'huile restante.

6 Servir le poulet tikka accompagné de quartiers de citron.

6 PERSONNES

1 cuil. à café de gingembre frais finement haché
1 cuil. à café d'ail haché
½ cuil. à café de coriandre en poudre
½ cuil. à café de cumin en poudre
1 cuil. à café de poudre de piment
3 cuil. à soupe de yaourt
1 cuil. à café de sel
2 cuil. à soupe de jus de citron
quelques gouttes de colorant alimentaire rouge (facultatif)
1 cuil. à soupe de concentré de tomates
1,5 kg de blanc de poulet, coupé en bouchées
1 oignon, émincé
3 cuil. à soupe d'huile
1 citron, coupé en quartiers, en garniture

VALEURS NUTRITIONNELLES

Calories *173* ; glucides *12 g* ; protéines *28 g* ; lipides *4 g* ; acides gras saturés *2 g*

facile
3 h 20

CONSEIL

Servez accompagné de pain naan, de chutney à la mangue et de raïta, un mélange de yaourt, d'ail et de concombre hachés.

Voici une manière rapide et délicieuse de cuisiner les restes de poulet. La sauce peut aussi être utilisée pour accompagner d'autres viandes, comme l'agneau ou le bœuf.

Poulet jalfrezi

4 PERSONNES

3 cuil. à soupe d'huile
1 cuil. à café d'huile de graines de moutarde
3 gousses d'ail, hachées
1 gros oignon, finement haché
2 tomates, pelées et concassées
1 cuil. à soupe de concentré de tomates
1 cuil. à café de curcuma en poudre
½ cuil. à café de cumin en poudre
½ cuil. à café de coriandre en poudre
½ cuil. à café de poudre de piment
½ cuil. à café de garam masala
1 cuil. à café de vinaigre de vin rouge
1 petit poivron rouge, épépiné et haché
125 g de fèves surgelées
500 g de blanc de poulet cuit, coupé en bouchées
sel
brins de coriandre fraîche, en garniture

1 Dans une poêle, faire chauffer l'huile de graines de moutarde jusqu'à ce qu'elle fume, couper avec l'huile restante et faire revenir l'ail et l'oignon, jusqu'à ce qu'ils soient dorés.

2 Incorporer les tomates et le concentré, le curcuma, le cumin, la coriandre, la poudre de piment, le garam masala et le vinaigre, et remuer jusqu'à ce que les arômes s'exhalent.

3 Ajouter le poivron et les fèves, faire revenir 2 minutes, jusqu'à ce que le poivron soit tendre, et ajouter le poulet. Saler selon son goût et faire cuire à feu doux, 6 à 8 minutes, jusqu'à ce que le poulet soit chaud et les fèves bien tendres.

4 Garnir de brins de coriandre et servir.

VALEURS NUTRITIONNELLES

Calories *270* ; glucides 10 *g* ; protéines *36 g* ; lipides *11 g* ; acides gras saturés *2 g*

facile
20 minutes
20 minutes

CONSEIL

Cette recette est idéale pour accommoder les restes de volaille. Vous pouvez utiliser tous les types de haricots, ainsi que certains légumes tels que courgettes, brocolis, pommes de terre et tout légumes racines.

Cette recette peut sembler compliquée mais les étapes sont simples à suivre. Vous pouvez utiliser de l'agneau à la place du poulet.

Poulet biryani

1 Mélanger l'ail, le gingembre, le garam masala, la poudre de piment, le curcuma, la cardamome et la moitié du sel avec le yaourt et le poulet, et laisser mariner 3 heures.

2 Faire bouillir le lait, verser sur le safran et réserver.

3 Dans une poêle, faire chauffer le ghee, ajouter les oignons et faire revenir jusqu'à ce qu'ils soient dorés. Réserver.

4 Dans une casserole d'eau, mettre le riz, la cannelle, le poivre et les graines de cumin, porter à ébullition jusqu'à ce que le riz soit à moitié cuit et retirer du feu. Égoutter, transférer dans une terrine et ajouter le sel restant.

5 Ajouter le mélange à base de poulet dans la poêle avec les oignons et le ghee, incorporer les piments verts, la coriandre, le lait safrané, le jus de citron et le riz, et couvrir hermétiquement. Cuire environ 1 heure à feu doux, en prolongeant la cuisson de 15 minutes si le poulet n'est pas assez cuit, et servir aussitôt.

4 PERSONNES

1 cuil. à café ½ d'ail haché
1 cuil. à café ½ de gingembre frais haché
1 cuil. à soupe de garam masala
1 cuil. à café de poudre de piment
½ cuil. à café de curcuma
20 graines de cardamomes blanches et vertes, concassées
2 cuil. à café de sel
300 ml de yaourt nature
1,5 kg de poulet, sans la peau et coupé en 8 morceaux
150 ml de lait
filaments de safran
6 cuil. à soupe de ghee (beurre clarifié)
2 oignons, émincés
450 g de riz basmati, rincé
2 bâtonnets de cannelle
4 grains de poivre noir
1 cuil. à café de graines de cumin noir
4 piments verts, finement hachés
1 cuil. à soupe de coriandre fraîche hachée
4 cuil. à soupe de jus de citron

VALEURS NUTRITIONNELLES

Calories *382* ; glucides *18 g* ; protéines *42 g* ; lipides *20 g* ; acides gras saturés *11 g*

difficulté moyenne

3 h 20

1 h 30

En Inde, le poulet tandoori est traditionnellement cuit dans un four tandoori mais un gril donne un résultat tout aussi délicieux.

Poulet tandoori

4 PERSONNES

8 pilons de poulet, sans la peau
150 ml de yaourt nature
1 cuil. à café ½ de gingembre frais finement haché
1 cuil. à café ½ d'ail haché
1 cuil. à café de poudre de piment
2 cuil. à café de cumin en poudre
2 cuil. à café de coriandre en poudre
1 cuil. à café de sel
½ cuil. à café de colorant alimentaire rouge
1 cuil. à soupe de pâte de tamarin
150 ml d'eau
150 ml d'huile

accompagnement

feuilles de laitues
rondelles d'oignons
quartiers de citron
naan (pain indien)

VALEURS NUTRITIONNELLES

Calories *514* ; glucides *11 g* ; protéines *28 g* ; lipides *43 g* ; acides gras saturés *6 g*

facile
6 h 30
35 minutes

1 Pratiquer 2 ou 3 incisions sur chaque morceau de poulet.

2 Dans une terrine, mélanger le yaourt, le gingembre, l'ail, la poudre de piment, le cumin, la coriandre, le sel et le colorant.

3 Ajouter les pilons à la préparation précédente, mélanger de façon à bien enrober le poulet et laisser mariner au moins 3 heures.

4 Dans une autre terrine, délayer la pâte de tamarin dans l'eau, incorporer dans la marinade et laisser mariner encore 3 heures.

5 Disposer les pilons dans un plat allant au four, enduire légèrement d'huile et passer au gril préchauffé, 30 à 35 minutes, en les retournant de temps en temps et en les arrosant avec l'huile restante.

6 Disposer les pilons sur les feuilles de laitue, décorer de citron et de rondelles d'oignons, et servir accompagné de naan.

CONSEIL

Accompagnez ce plat de petits pains naan et d'une sauce raita à la menthe.

Le poulet korma est un curry doux traditionnel. Si vous voulez utiliser moins de matières grasses, remplacez la crème par du yaourt nature.

Korma *de* poulet

1 Mettre tous les ingrédients de la pâte korma dans un robot de cuisine et mixer jusqu'à obtention d'une préparation homogène.

2 Mettre le poulet dans une terrine, couvrir de pâte korma et remuer de façon à bien enrober le poulet. Couvrir et mettre au réfrigérateur 3 heures, de sorte que les arômes imprègnent bien la viande.

3 Dans une cocotte, mettre le poulet et faire mijoter 25 minutes, en mouillant avec un peu de bouillon si la préparation devient trop sèche.

4 Ajouter la crème fraîche et le garam masala, laisser mijoter encore 15 minutes et laisser reposer 10 minutes. Garnir de coriandre fraîche et servir accompagné de riz.

6 PERSONNES

750 g de poulet, coupé en bouchées
300 ml de crème fraîche épaisse
½ cuil. à café de garam masala
brins de coriandre fraîche, en garniture
riz,en accompagnement

pâte de korma

2 gousses d'ail
1 morceau de gingembre frais de 2,5 cm, grossièrement haché
50 g d'amandes mondées
6 cuil. à soupe de bouillon de poulet
1 cuil. à café de cardamome en poudre
4 clous de girofle, pilés
1 cuil. à café de cannelle en poudre
2 gros oignons, hachés
1 cuil. à café de graines de coriandre
2 cuil. à café de graines de cumin en poudre
1 pincée de poivre de Cayenne
6 cuil. à soupe d'huile d'olive
sel et poivre

VALEURS NUTRITIONNELLES

Calories *488* ; glucides *15 g* ; protéines *21 g* ; lipides *42 g* ; acides gras saturés *17 g*

difficulté moyenne
3 h 40
40 minutes

CONSEIL

Pour le garam masala, pilez 1 cuillerée à café de graines de cardamome, 2 de clous de girofle, 2 de graines de cumin, 2 cuillerées à soupe de graines de coriandre, un bâton de cannelle de 7,5 cm, 1 cuillerée à soupe de grains de poivre noir et 1 piment séché

Ce poulet rôti épicé est accompagné d'une farce savoureuse à base de riz, d'ail, de noix de cajou et de gingembre.

Poulet farci *aux* noix de cajou

4 PERSONNES

1 poulet d'environ 1,5 kg
1 petit oignon, coupé en deux
25 g de beurre, fondu
1 cuil. à café de curcuma en poudre
1 cuil. à café de gingembre en poudre
½ cuil. à café de poivre de Cayenne
sel et poivre
brins de coriandre fraîche, en garniture

farce
2 cuil. à soupe d'huile
1 oignon moyen, finement haché
½ poivron rouge, épépiné et finement haché
2 gousses d'ail, hachées
125 g de riz basmati, rincé
350 ml de bouillon de poulet chaud
zeste râpé d'un demi-citron
½ cuil. à café de curcuma en poudre
½ cuil. à café de gingembre en poudre
½ cuil. à café de coriandre en poudre
85 g de noix de cajou salées
1 pincée de poivre de Cayenne

VALEURS NUTRITIONNELLES
Calories *587* ; glucides *40 g* ; protéines *52 g* ; lipides *26 g* ; acides gras saturés *8 g*

difficulté moyenne
30 minutes
2 heures

1 Pour la farce, faire chauffer l'huile dans une casserole, ajouter l'oignon, le poivron et l'ail, et faire cuire 4 à 5 minutes à feu doux. Ajouter le riz, remuer de façon à bien enrober d'huile et mouiller avec le bouillon. Porter à ébullition, laisser mijoter 15 minutes, jusqu'à absorption complète du liquide, et transférer dans une terrine. Incorporer les ingrédients restants et poivrer selon son goût.

2 Introduire la moitié de la farce dans le cou du poulet, refermer à l'aide d'une pique à cocktail et mettre l'oignon coupé en deux à l'intérieur du poulet. Graisser un plat allant au four, répartir la farce restante et couvrir de papier d'aluminium.

3 Disposer le poulet dans un autre plat allant au four et piquer à l'aide d'une fourchette, excepté à l'endroit où se trouve la farce. Mélanger le beurre et les épices, saler et poivrer selon son goût et enrober le poulet.

4 Cuire au four préchauffé, à 190 °C (th. 6-7), 1 heure, en arrosant de temps en temps, ajouter la farce dans le four et cuire encore 30 minutes. Retirer la pique à cocktail et servir accompagné de farce et garni de brins de coriandre.

Une saveur intense se dégage de ce plat, cuit longtemps à feu doux. La viande doit se détacher de l'os.

Poulet braisé à l'ail *et aux* épices

1 Dans un mortier, piler l'ail, les échalotes, les piments, le lemon-grass, la coriandre et la pâte de crevette, jusqu'à obtention d'une pâte épaisse et homogène, et ajouter la cannelle et la pâte de tamarin.

2 Dans un wok ou une poêle, faire chauffer l'huile, ajouter le poulet et faire revenir en le retournant fréquemment, jusqu'à ce qu'il soit bien doré. Retirer du feu, réserver au chaud et retirer l'excédent de graisse du wok.

3 Dans le wok, ajouter la préparation à base d'épices, faire revenir à feu moyen et mouiller avec le bouillon. Ajouter le poulet et remuer.

4 Porter à ébullition, couvrir et réduire le feu. Laisser mijoter 25 à 30 minutes,en remuant de temps en temps, jusqu'à ce que le poulet soit tendre et cuit, ajouter la sauce de poisson et le beurre de cacahuètes, et laisser mijoter encore 10 minutes à feu doux.

5 Saler et poivrer selon son goût, parsemer de cacahuètes concassées et servir chaud, accompagné de légumes sautés et de nouilles.

4 PERSONNES

4 gousses d'ail, hachées
4 échalotes, hachées
2 petits piments rouges, épépinés et hachés
1 tige de lemon-grass, hachée
1 cuil. à soupe de feuilles de coriandre hachées
1 cuil. à café de pâte de crevette
½ cuil. à café de cannelle en poudre
1 cuil. à soupe de pâte de tamarin
2 cuil. à soupe d'huile
8 pilons ou petites cuisses de poulet
300 ml de bouillon de poulet
1 cuil. à soupe de sauce de poisson thaïe
1 cuil. à soupe de beurre de cacahuètes
sel et poivre
4 cuil. à soupe de cacahuètes grillées concassées
légumes sautés et nouilles, en accompagnement

VALEURS NUTRITIONNELLES

Calories *282* ; glucides *8 g* ; protéines *29 g* ; lipides *16 g* ; acides gras saturés *3 g*

difficulté moyenne

15 minutes

1 heure

La noix de coco donne une texture onctueuse et une saveur délicieuse à ce sauté thaï, rehaussé de piments verts.

Poulet thaï *aux* légumes

4 PERSONNES

3 cuil. à soupe d'huile de sésame
350 g de blancs de poulet, finement émincés
8 échalotes, émincées
sel et poivre
2 gousses d'ail, finement hachées
1 morceau de gingembre frais de 2,5 cm, râpé
1 piment vert, finement émincé
1 poivron rouge et 1 poivron vert, épépinés et finement émincés
3 courgettes, coupées en fines rondelles
2 cuil. à soupe de poudre d'amandes
1 cuil. à café de cannelle en poudre
1 cuil. à soupe de sauce d'huître
50 g de crème de coco en bloc, râpée

1 Dans un wok préchauffé ou une poêle, faire chauffer l'huile de sésame, ajouter le poulet et saler et poivrer selon son goût. Faire revenir environ 4 minutes.

2 Ajouter les échalotes, l'ail, le gingembre et le piment, et faire revenir encore 2 minutes.

3 Ajouter les poivrons et les courgettes, et faire cuire encore 1 minute.

4 Ajouter les ingrédients restants, faire cuire 1 minute et disposer sur un plat chaud. Servir immédiatement.

VALEURS NUTRITIONNELLES

Calories *184* ; glucides *14 g* ; protéines *24 g* ; lipides *5 g* ; acides gras saturés *2 g*

facile
15 minutes
10 minutes

CONSEIL

La crème de coco est également vendue dans les épiceries asiatiques sous forme de briques. Elle se conserve facilement et ajoute une saveur riche et profonde au plat.

Ces morceaux de poulet marinés, parfumés au citron vert, sont délicieux servis avec du riz et une salade de concombre.

Poulet *à la* coriandre

1 À l'aide d'un couteau tranchant, pratiquer 3 incisions dans chaque blanc de poulet et disposer en une seule couche dans un plat non métallique.

2 Dans un robot de cuisine, mixer l'ail, le piment, le gingembre, la coriandre, le zeste et le jus de citron vert, la sauce de soja, le sucre en poudre et le lait de coco, jusqu'à obtention d'un mélange homogène.

3 Verser la préparation sur les blancs de poulet de façon à ce qu'ils soient uniformément recouverts, couvrir et laisser mariner environ 1 heure au réfrigérateur.

4 Égoutter le poulet, disposer sur une feuille de papier sulfurisé et passer au gril préchauffé, 12 à 15 minutes, jusqu'à ce qu'il soit bien cuit.

5 Verser la marinade restante dans une casserole, porter à ébullition et réduire le feu. Laisser mijoter quelques minutes, jusqu'à ce que la marinade soit bien chaude et servir avec les blancs de poulet, accompagné de riz et d'une salade de concombres et de radis.

4 PERSONNES

4 blancs de poulet, sans la peau
2 gousses d'ail, pelées
1 piment vert frais, épépiné
1 morceau de gingembre frais de 2 cm, haché
4 cuil. à soupe de feuilles de coriandre, hachées
zeste finement râpé d'un citron vert
3 cuil. à soupe de jus de citron vert
2 cuil. à soupe de sauce de soja claire
1 cuil. à soupe de sucre en poudre
175 ml de lait de coco

accompagnement
riz
salade de concombres et de radis

VALEURS NUTRITIONNELLES
Calories *171* ; glucides *17 g* ; protéines *31 g* ; lipides *2 g* ; acides gras saturés *0.5 g*

difficulté moyenne
1 h 25
20 minutes

Ce plat rapide à préparer a de nombreuses variantes mais cette version offre le traditionnel mélange de cacahuètes, de poulet et de piments, délicieusement parfumé.

Poulet épicé *aux* arachides

4 PERSONNES

2 cuil. à soupe d'huile d'arachide
125 g de cacahuètes, décortiquées
300 g de blancs de poulet, sans la peau et coupés en dés de 2,5 cm
1 piment rouge frais, émincé
1 poivron vert, épépiné et coupé en lanières
riz sauté, en accompagnement

sauce

150 ml de bouillon de poulet
1 cuil. à soupe de vin de riz chinois ou de xérès sec
1 cuil. à soupe de sauce de soja claire
1 cuil. à café ½ de sucre roux
2 gousses d'ail, hachées
1 cuil. à café de gingembre frais râpé
1 cuil. à café de vinaigre de riz
1 cuil. à café d'huile de sésame

1 Dans un wok préchauffé, faire chauffer l'huile d'arachide, ajouter les cacahuètes et faire revenir 1 minute. Retirer à l'aide d'une écumoire et réserver.

2 Ajouter le poulet, faire revenir 1 à 2 minutes et incorporer le piment et le poivron. Faire cuire encore 1 minute, retirer à l'aide d'une écumoire et réserver.

3 Dans un robot de cuisine, mixer la moitié des cacahuètes jusqu'à obtention d'une pâte, ou mettre dans un sac en plastique et concasser à l'aide d'un rouleau à pâtisserie.

4 Pour la sauce, mettre le bouillon, le vin de riz, la sauce de soja claire, le sucre, l'ail, le gingembre et le vinaigre de riz dans le wok.

5 Ajouter la pâte de cacahuète et les cacahuètes restantes, le poulet, le piment et le poivron, faire chauffer à feu doux et arroser d'huile de sésame. Laisser mijoter 1 minute et servir, accompagné de riz sauté.

VALEURS NUTRITIONNELLES
Calories *324* ; glucides *9 g* ; protéines *25 g* ; lipides *24 g* ; acides gras saturés *5 g*

difficulté moyenne
15 minutes
10 minutes

CONSEIL

Si nécessaire, mixez les cacahuètes avec un peu de bouillon à l'étape 4, de façon à obtenir une pâte souple.

Voici une version simplifiée du traditionnel riz pilaf indien, à la texture crémeuse et légèrement épicée.

Pilaf *au* poulet

1 Dans une poêle, faire chauffer le beurre, ajouter le poulet et l'oignon, et faire revenir environ 3 minutes.

2 Incorporer le curcuma, la cannelle et le riz, saler et poivrer selon son goût et faire cuire 3 minutes à feu doux.

3 Ajouter le yaourt, le raisin et le bouillon, mélanger et couvrir. Laisser mijoter 10 minutes, en remuant de temps en temps, jusqu'à ce que le riz soit tendre et tout le bouillon absorbé, en ajoutant du bouillon si la préparation devient trop sèche.

4 Incorporer la tomate et la coriandre, saupoudrer de noix de coco grillée et garnir de coriandre fraîche.

4 PERSONNES

60 g de beurre
8 hauts de cuisse de poulet, désossés, sans la peau et coupés en gros morceaux
1 oignon, émincé
1 cuil. à café de curcuma en poudre
1 cuil. à café de cannelle en poudre
250 g de riz long grain
sel et poivre
425 ml de yaourt nature
55 g de raisin de Smyrne
200 ml de bouillon de poulet
1 tomate, concassée
2 cuil. à soupe de coriandre ou de persil frais haché
2 cuil. à soupe de noix de coco grillée
coriandre fraîche, en garniture

VALEURS NUTRITIONNELLES

Calories *581* ; glucides *95 g* ; protéines *31 g* ; lipides *19 g* ; acides gras saturés *12 g*

facile
10 minutes
25 minutes

CONSEIL

Le riz long-grain est la variété la plus courante et la moins chère. Le riz basmati, avec ses grains fins et sa saveur aromatique, est plus coûteux : réservez-le pour les grandes occasions. Le riz doit être lavé à l'eau courante avant utilisation.

Ce plat richement épicé s'inspire d'un plat traditionnel du Nord de l'Inde, qui utilise les cuisses et les ailes du poulet.

Poulet *du* Cachemire

4 PERSONNES

4 pilons et 4 hauts de cuisse de poulet, sans la peau
150 ml de yaourt nature
4 cuil. à soupe de pâte de curry tikka
2 cuil. à soupe d'huile de tournesol
1 oignon, finement émincé
1 gousse d'ail, hachée
1 cuil. à café de cumin en poudre
1 cuil. à café de gingembre frais finement haché
½ cuil. à café de pâte de piment
4 cuil. à café de bouillon de poulet
2 cuil. à soupe de poudre d'amandes
sel
brins de coriandre fraîche, en garniture

accompagnement

riz pilaf
pickles
poppadums (fines galettes indiennes)

VALEURS NUTRITIONNELLES

Calories *276* ; glucides *14 g* ; protéines *28 g* ; lipides *15 g* ; acides gras saturés *3 g*

difficulté moyenne
1 h 15
35 minutes

1 À l'aide d'un couteau tranchant, pratiquer des incisions assez profondes dans le poulet, à intervalles réguliers, et transférer dans une terrine.

2 Mélanger le yaourt et la pâte de curry, incorporer le mélange obtenu au poulet et couvrir. Mettre au réfrigérateur au moins 1 heure.

3 Dans une poêle, faire chauffer l'huile, ajouter l'oignon et l'ail, et faire revenir 4 à 5 minutes, jusqu'à ce qu'ils soient tendres, sans avoir doré.

4 Incorporer le cumin, le gingembre et la pâte de piment, et faire cuire encore 1 minute à feu doux.

5 Ajouter le poulet, faire revenir à feu doux environ 10 minutes, en remuant de temps en temps, et incorporer le bouillon, les amandes et ,éventuellement, la marinade restante.

6 Couvrir la poêle et laisser mijoter 15 minutes, jusqu'à ce que le poulet soit tendre et bien cuit.

7 Saler selon son goût, garnir le poulet de coriandre et servir accompagné de riz pilaf, de pickles et de poppadums.

CONSEIL

Vous pouvez remplacer les cuisses de poulet par des blancs coupés en gros morceaux.

Des cuisses de poulet épicées sont partiellement désossées et farcies d'abricots secs, ce qui leur donne une délicieuse saveur fruitée. Un enrobage doré au yaourt, pauvre en matières grasses, conserve le moelleux du poulet.

Poulet à l'abricot *et au* cumin

1 Pour parer les cuisses de poulet, dégager délicatement la chair de l'os du haut de cuisse jusqu'à l'articulation à l'aide d'un couteau tranchant, saisir fermement l'os du haut de cuisse et tourner de façon à le détacher du pilon.

2 Étaler la partie désossée du poulet, parsemer de zeste de citron râpé et poivrer selon son goût. Garnir d'abricots secs, replier et fixer à l'aide d'une pique à cocktail.

3 Mélanger le cumin, le curcuma, le yaourt, saler et poivrer selon son goût et enduire uniformément le poulet de la préparation obtenue. Disposer le poulet dans un plat allant au four, cuire au four préchauffé, à 190 °C (th. 6-7), 35 à 40 minutes, jusqu'à ce que le poulet rende un jus clair lorsqu'il est piqué dans sa partie la plus charnue à l'aide d'une brochette.

4 Faire cuire le riz dans de l'eau bouillante légèrement salée, jusqu'à ce qu'il soit juste tendre, égoutter et incorporer les noisettes et les graines de tournesol. Servir le poulet avec le riz, garni quartiers de citron et de salade.

4 PERSONNES

4 grosses cuisses de poulet, sans la peau
zeste finement râpé d'un citron
200 g d'abricots secs
1 cuil. à soupe de cumin en poudre
1 cuil. à café de curcuma en poudre
125 g de yaourt nature allégé
sel et poivre

accompagnement

250 g de riz complet
2 cuil. à soupe de noisettes ou d'amandes effilées et grillées
2 cuil. à soupe de graines de tournesol grillées
quartiers de citron
salade

VALEURS NUTRITIONNELLES

Calories *305* ; glucides *66 g* ; protéines *15 g* ; lipides *8 g* ; acides gras saturés *1 g*

difficulté moyenne
20 minutes
40 minutes

Voici un repas idéal pour les occasions spéciales. Il est préférable de cuire le poulet dans un karahi, mais si vous n'en avez pas, remplacez-le par une poêle à fond épais.

Poulet aux herbes *et aux* légumes

4 PERSONNES

8 pilons de poulet
1 cuil. à café ½ de gingembre haché
1 cuil. à café ½ d'ail haché
1 cuil. à café de sel
4 à 6 piments verts frais
½ botte de feuilles de coriandre fraîche
2 oignons, hachés
600 ml d'huile
4 tomates bien fermes, coupées en quartiers
2 gros poivrons verts, épépinés et grossièrement hachés

1 Pratiquer 2 ou 3 incisions dans chaque pilon, enduire de gingembre, d'ail et de sel, et réserver.

2 Dans un mortier, écraser les piments verts, les feuilles de coriandre et la moitié des oignons à l'aide d'un pilon, de façon à obtenir une pâte, et enduire les pilons de la préparation obtenue.

3 Dans une poêle, faire chauffer l'huile à feu vif, ajouter les oignons restants et faire revenir. Retirer les oignons de la poêle à l'aide d'une écumoire et réserver.

4 Réduire le feu, et faire revenir les pilons en plusieurs fois, 5 à 7 minutes, jusqu'à ce qu'ils soient bien cuits. Égoutter sur du papier absorbant et les réserver au chaud.

5 Ajouter les tomates et les poivrons dans la sauteuse et faire revenir jusqu'à ce qu'ils deviennent tendres.

6 Transférer les tomates et les poivrons dans un plat de service, disposer les pilons au centre et garnir d'oignons.

VALEURS NUTRITIONNELLES
Calories *499* ; glucides 22 *g* ; protéines *33 g* ; lipides *36 g* ; acides gras saturés *6 g*

facile
20 minutes
45 minutes

Ce délicieux plat à la mode thaïe est parfumé d'une sauce à base de citron vert, de cacahuètes, de noix de coco et de piments. Vous trouverez de la crème de coco au supermarché.

Poulet pimenté *à la* noix de coco

1 Verser le bouillon de poulet dans un verre doseur, émietter la crème de coco dans le bouillon et remuer jusqu'à complète dissolution.

2 Dans un wok préchauffé ou une poêle, faire chauffer l'huile, ajouter le poulet et faire revenir sans cesser de remuer, jusqu'à ce qu'il soit doré.

3 Ajouter le piment rouge et les oignons verts, et laisser mijoter à feu doux quelques minutes.

4 Incorporer le beurre de cacahuètes, la crème de coco délayée, le jus et le zeste du citron, et laisser mijoter à découvert 5 minutes sans cesser de remuer, de façon à éviter que la préparation attache.

5 Transférer sur un plat chaud, garnir de piments rouges et d'oignons verts, et servir accompagné de riz nature.

4 PERSONNES

150 ml de bouillon de poulet, chaud
25 g de crème de coco
1 cuil. à soupe d'huile de tournesol
8 cuisses de poulet, sans la peau, désossées et coupées en lanières
1 petit piment rouge, finement émincé
4 oignons verts, émincés
4 cuil. à soupe de beurre de cacahuètes
zeste finement râpé et jus d'un citron vert
riz nature, en accompagnement

garniture
piments rouges
oignons verts

VALEURS NUTRITIONNELLES

Calories *348* ; glucides *5 g* ; protéines *36 g* ; lipides *21 g* ; acides gras saturés *8 g*

facile
10 minutes
15 minutes

CONSEIL

Le citron vert est souvent utilisé dans la cuisine thaïe, surtout avec des saveurs douces, telles que la crème de coco ou les cacahuètes. Il est préféré au citron car son goût acide rafraîchit. Si vous n'en trouvez pas, remplacez-le par du citron